Kontaktadresse nach EU-Produktsicherheitsverordnung:
produktsicherheit@fischerverlage.de

Über das Buch ›Ödipus auf Håknäss‹, entstanden 1960/61, ist eines von zwei in Fichtes Nachlaß aufgefundenen Theaterstücken. Die Handlung spielt in Schweden, in einem Heim der Anthroposophen für »pathologische Jugendliche«, und beschreibt die Kämpfe und die vielfachen erotischen Verwicklungen ihrer jugendlichen Erzieher. Im Mittelpunkt steht der dreiundzwanzigjährige Lehrer Bernhardt, der auf der Suche nach seinem Vater und sich selbst nach Schweden gekommen ist. Unter Mitwirkung sowohl der Zöglinge als auch seiner Kollegen bereitet er eine ›Ödipus‹-Aufführung vor. Im Verlauf der Proben kommt es nicht nur zu den unterschiedlichsten Gefühlsverwirrungen, sondern auch zu intensiven theoretischen Auseinandersetzungen zwischen den Steiner-Anhängern und Bernhardt, der mit dem Studium der Schriften Sigmund Freuds begonnen hat. Als Bernhardts Mutter eintrifft, findet das ›Ödipus‹-Drama seine Entsprechung in der Wirklichkeit, und die Handlung treibt auf ein dramatisches Ende zu.

Der Autor Hubert Fichte, 1935 in Perleberg geboren, arbeitete in Hamburg als Schauspieler und nahm später ein landwirtschaftliches Studium auf. Seit Mitte der sechziger Jahre lebte er als freier Schriftsteller in Hamburg und wurde für sein Werk u. a. mit dem ›Hermann-Hesse‹- und dem ›Fontane‹-Preis ausgezeichnet. Er starb 1986 in Hamburg.
Das Werk von Hubert Fichte ist im S. Fischer Verlag erschienen.

Hubert Fichte

Ödipus auf Håknäss

Schauspiel

Fischer
Taschenbuch
Verlag

Theater Funk Fernsehen
Eine Reihe des Fischer Taschenbuch Verlags

Die Nutzung unserer Werke für Text- und Data-Mining im Sinne von
§ 44b UrhG behalten wir uns explizit vor.

2. Auflage

Originalausgabe
© 2024 S. Fischer Verlag GmbH,
Hedderichstr. 114, 60596 Frankfurt am Main
© 1992 Fischer Taschenbuch Verlag, Frankfurt am Main
Aufführungsrechte: S. Fischer Verlag, Frankfurt am Main
Umschlaggestaltung: Buchholz / Hinsch / Hensinger
Umschlagabbildung: Leonore Mau
Printed in Germany
ISBN 3-596-10843-8

Inhalt

Hubert Fichte
Ödipus auf Håknäss   7

Hartmut Böhme
Der junge Fichte: Auf den Spuren des Mythos
Nachwort   117

Zur Erinnerung
an Calèche
und Les Six
und Salat mit
Käse und Bananen

Personen

BERNHARDT SILBERFÄNGER
HUBERTA SEUSE
HELGE SCHIMMING
ASTRID
WERNER MÜLLER
FRAU MÜLLER, WERNERS FRAU
STIG LINDBERG
LENNART
PELLE
HASSE
NATASCHA MEIERDORF
BALTHASAR HAPF
LUDMILLA HAPF, SEINE FRAU
FRAU SCHIMMING, HELGES MUTTER
BERNHARDTS MUTTER
MAITRESSE D'HOTEL

1. Mädchen
2. Mädchen
1. junger Mann
Fährmann
2 alte Männer
1 lebhafter junger Mann
1 betrunkener junger Mann
1 energisches Mädchen
1 betrunkenes Mädchen
Liebespaar
Finne
Franzose
Herr Wunsel ⎫
Herr Nallén ⎬ Pfleger
junge Männer/Knaben

I.

Schären im Winter. Abenddämmerung.
Klirren von Schlittschuhen auf dem Eis. Pathologische Jugendliche und ihre Pfleger überqueren auf Schlittschuhen die Bühne, als letzter Stig, unter veitstanzartigen Zuckungen. Bernhardt kommt. Auch er ist auf Schlittschuhen, doch hat er keine Übung und stolpert ungeschickt einher.

LENNART *läuft herein und bleibt vor Bernhardt stehen* Sie sind also sozusagen Bernhardt Silberfängerlinger... *Zu sich selbst* Lennart, du redest Blödsinn. Halt deinen Mund, Lennart! Geh jetzt, Lennart! *Ab*
Huberta läuft kreisend herein.
BERNHARDT Huberta!
HUBERTA Ja?
BERNHARDT Ich will Ödipus spielen, hier auf Håknäss!
HUBERTA Was? Eine griechische Tragödie mit deutschen Anthroposophen in einem schwedischen Heim vor minderjährigen Deppen? Du bist genauso verrückt wie deine Pfleglinge, Bernhardt!
BERNHARDT Ich weiß. Ich werde es dir erklären. Warte doch!
HUBERTA Jetzt nicht, ich habe andre Dinge im Kopf! *Ab*
Bernhardt will ihr nachstolpern. Pelle kommt in großem Bogen heran und rennt Bernhardt über den Haufen.
PELLE O, entschuldigen Sie, Verzeihung! Ich bitte Sie um Entschuldigung. Was wollen Sie eigentlich? Entschuldigen Sie! Ich habe gar nichts gemacht! Entschuldigen Sie, Verzeihung!
Die andren kommen und laufen in schönen Figuren mit Pelle davon. Natascha Meierdorf bleibt bei Bernhardt zurück, der sich unter mehrfachem Ausgleiten wieder aufrichtet.
NATASCHA Fliegen Sie, Herr Silberfänger! Fliegen Sie! Fliegen Sie über das Eis! In den Bewegungen eines Menschen

drückt sich seine Seele aus. Sie weilen über ein Jahr in Schweden und können nicht Schlittschuh laufen! Sie als Erzieher sollten unseren Jungen voranfliegen und nicht hinter ihnen herstolpern! *Sie will davonfliegen und stürzt. Bernhardt hilft ihr auf.*
BERNHARDT Die Jungen sind ihren Erziehern gegenüber sehr geduldig und nachsichtig, Fräulein Natascha!
NATASCHA Sie Spötter! *Ab*
Die andren kommen vorüber.
HUBERTA Du bist immer noch auf demselben Fleck?
BERNHARDT Zu viel Geschäftigkeit ist mißlich.
HUBERTA Wer soll denn in deinem Ödipus mitspielen?
BERNHARDT Ich habe noch mit niemand außer dir gesprochen. Werner Müller, wenn seine Frau ihn läßt. Astrid. Vielleicht der Sohn von Schimmings.
HUBERTA Helge?
BERNHARDT Ja, Helge.
HUBERTA Helge muß seinem Vater auf dem Hof helfen.
BERNHARDT Ich kann ihn ja fragen.
HUBERTA Er schwirrt hier herum. Übrigens, wenn Astrid und Helge mitmachen, will ich auch kein Spielverderber sein. *Ab*
BERNHARDT Wo mußt du denn nun schon wieder hin?
Pelle läuft herein und umkreist Bernhardt.
Pelle, sieh dich vor!
PELLE Entschuldigung, verzeihen Sie! *Ab*
Die andren kommen vorüber. Werner Müller bleibt neben Bernhardt stehen.
WERNER Du willst Ödipus aufführen?
BERNHARDT Das hat sich schnell herumgesprochen. Willst du mitspielen?
WERNER Wer soll denn Ödipus sein?
BERNHARDT Willst du?
WERNER Ich? Nein, nie. Ich nicht. Wenn einer, dann du!
BERNHARDT Warum ich?
WERNER Das weißt du selbst am besten.
BERNHARDT Ich weiß auch nicht mehr als du.

WERNER Schließlich bist du auf den Gedanken gekommen. Hast du überhaupt genügend Darsteller?
BERNHARDT Wir müssen alle eine Doppelrolle übernehmen. Hast du Helge Schimming gesehen?
WERNER Nein. Ich werde es mir überlegen. *Ab*
Die andren kommen vorüber. Herr und Frau Hapf
HERR HAPF Herr Silberfänger, Sie fliegen nicht, Sie hinken!
BERNHARDT Herr Direktor Hapf, Sie haben recht! Erlauben Sie mir bitte, den König Hinkfuß in der Übersetzung von Hölderlin einzustudieren.
FRAU HAPF Seht nur, dieser ätherische Winternachmittag verleiht unseren kranken Jungen Schwingen. Sie fliegen über die dunklen Abgründe, die sich unter dem Eis verbergen.
HERR HAPF Herr Silberfänger, Sie sind als Landwirt und als Pfleger für geistesgestörte Kinder hier. Ich habe gehört, Sie gehen Tanzvergnügungen nach. Sie lieben üppige Mahlzeiten und Weine. Sie lesen viel Modernes. Sie befassen sich mit der Freud'schen Psychoanalyse. Sie zersplittern sich, Herr Silberfänger.
FRAU HAPF Balthasar, Herr Silberfänger hat einen starken Einfluß auf unsere Jungen.
HERR HAPF Ob es der rechte Einfluß ist, Ludmila? Sie wollen Unruhe in unsere Arbeit bringen.
BERNHARDT Mit stauenden Wässern kann niemand geheilt werden.
HERR HAPF Herr Silberfänger...
FRAU HAPF Herr Silberfänger, wie haben Sie sich denn das Proben gedacht? Sie selbst fangen morgens um sechs im Stall mit der Arbeit an, und vor acht, neun Uhr abends ist niemand mit der Pflege fertig.
BERNHARDT Ich werde in der Mittagspause und abends mit einzelnen proben.
FRAU HAPF Wer soll denn die Jokaste spielen?
Die andren kommen vorüber, Huberta als letzte, dick und exzentrisch.
BERNHARDT Huberta vielleicht.

FRAU HAPF Aber Huberta wirkt eher korpulent, und sie gilt als häßlich. Sie zieht ihre Kräfte aus der Erde. Sie findet all ihr Glück in der Gärtnerei, in der Pflege der Blumen und der kranken Kinder.
HERR HAPF Wir werden die Sache überdenken.
BERNHARDT Haben Sie Helge gesehen?
FRAU HAPF Nein, dort kommt seine Mutter.
Herr und Frau Hapf ab
Frau Schimming läuft herein.
BERNHARDT Frau Schimming, mögen Sie das Theaterspielen, oder ist auch Ihnen diese Beschäftigung nicht esoterisch genug?
FRAU SCHIMMING Das hängt von dem Theaterstück ab.
BERNHARDT Ist der König Ödipus ein esoterisches Theaterstück?
FRAU SCHIMMING Wenn Natascha Meierdorf ihn darbietet, ist er esoterisch, aber ist er kein Theaterstück mehr; und wenn Sie ihn einstudieren, kommt die Esoterik zu kurz.
BERNHARDT Spaß beiseite, darf Helge mitspielen?
FRAU SCHIMMING Ob esoterisch oder weniger esoterisch: Helge darf nicht spät nach Hause kommen, denn er muß am frühen Morgen in die Schule. Warum suchen Sie sich denn ausgerechnet den Ödipus als Freizeitbeschäftigung aus?
Bernhardt zuckt die Achseln.
Im übrigen ist Helge siebzehn Jahre alt und muß wissen, was er tut. *Mit Bernhardt hinauslaufend* Aber selbst wenn er einwilligt, Bernhardt, vergessen Sie nicht, er ist erst siebzehn Jahre alt, verlangen Sie nicht zu unnachgiebig, daß er weiß, was er tut. *Beide ab*
Die andren kommen vorüber.
ASTRID *hält Natascha Meierdorf am Ärmel zurück* Haben Sie Bernhardt gesehen?
NATASCHA Er stolperte eben noch hier herum. Fräulein Astrid, hüten Sie sich vor Bernhardts zerstörerischem Geist.
ASTRID Ich bewundere ihn. Er will den König Ödipus aufführen.

NATASCHA Den König Ödipus, das sieht ihm ähnlich!
ASTRID Ich suche ihn überall. Ich kann ihn nicht finden. Ich will mitspielen. Ich bin dumm und unbegabt, aber ich begnüge mich mit der kleinsten Rolle.
NATASCHA Glauben Sie, daß Ihnen die Küchenarbeit Zeit dazu lassen wird?
ASTRID Wollen Sie nicht auch mitspielen?
NATASCHA Im König Ödipus gibt es nur eine weibliche Rolle: Jokaste, die Mutter des Ödipus.
ASTRID Aber vielleicht können Sie eine Hosenrolle spielen. Wir müssen sowieso alle Doppelrollen übernehmen.
NATASCHA Wir werden sehen, ob dieser Ödipus hier überhaupt stattfinden kann.
ASTRID Hoffentlich finde ich Bernhardt bald.
Beide in entgegengesetzter Richtung ab. Helge läuft herein, hinter ihm Huberta.
HUBERTA Endlich habe ich dich erwischt, Helge. Ich bin ganz außer Atem, von dem vielen Suchen. Ich meine... Astrid sucht dich... sie... Bernhardt will den Ödipus aufführen... Da kommt Astrid.
HELGE Astrid!
Astrid herein
Du hast mich gesucht?
ASTRID Dich?
HUBERTA Hört zu, ehe die andren wiederkommen. Astrid und ich sind morgen frei. Wir wollen nach Stockholm fahren. Kommst du mit, Helge?
Helge nickt mit dem Kopf.
ASTRID Endlich sehe ich Bernhardt. Ich spiele mit, und wenn mich die Anthroposophen noch so schief ansehen. Wie ungeschickt Bernhardt auf seinen Schlittschuhen steht. *Sie ruft.* Bernhardt!
BERNHARDT *herein* Helge, endlich finde ich Sie!
HELGE Sie können gerne du zu mir sagen.
BERNHARDT Danke – du auch zu mir. Hast du Lust, bei mir im Ödipus mitzuspielen?
HELGE *Astrid ansehend* Ja, ich spiele mit. – Was wird nur Mutti dazu sagen?

BERNHARDT Deine Mutter ist einverstanden, unter einer Bedingung: Du darfst nicht spät nach Hause kommen. Also, abgemacht! *Er läuft nach einem kurzen Zögern ungeschickt davon.*
HUBERTA Also morgen nach Stockholm!
Die andren kommen zurück und nehmen die drei in einer weiten Figur mit hinaus.

II.

Bierkeller in Stockholm.
Huberta sitzt allein an einem Tisch in der Mitte des Lokals; am ersten Tisch links von ihr ein Finne, am zweiten Tisch links zwei alte Männer. Kartenspielend – rechts von ihr zwei Mädchen mit einem Franzosen, neben denen eine Gruppe junger Männer steht.

FRANZOSE On est perdu!
Die Mädchen umarmen ihn, die jungen Männer beugen sich zu den Mädchen herunter.
1. MÄDCHEN Geht doch einen Tisch weiter.
Die jungen Männer sehen alle zu Huberta und brechen in schallendes Gelächter aus.
BERNHARDT *tritt ein. Er entdeckt Huberta und geht zu ihr.* Was suchst du denn hier?
HUBERTA Wieso, ich bin heute frei.
BERNHARDT Warum hast du mir nichts gesagt? Wir hätten zusammen nach Stockholm fahren können.
Der Finne kommt schwankend an Hubertas Tisch. Er gießt aus seiner Flasche Wein in ihr leeres Glas und bietet Bernhardt an, aus seiner Flasche zu trinken.
FINNE Ich bin Koch.
HUBERTA O ja!
Der Finne sinkt neben Huberta auf einen Stuhl und verbirgt seinen Kopf in den Händen.

BERNHARDT Dieses Lokal ist der Nabel von Stockholm. Nutten, Strichjungen, Louis, Rauschgifthändler und Kartenspieler.
HUBERTA Mit einem Glas Bier kann man hier mehrere Stunden verbringen. Man sitzt und sieht den andren zu.
BERNHARDT Bist du oft hier?
HUBERTA Jedesmal, wenn ich meinen freien Tag habe. Und du?
BERNHARDT Ich auch.
FRANZOSE On est perdu. Il y a personne ici, qui parle français?
BERNHARDT Oui, moi! Qu'est-ce que tu veux?
FRANZOSE Merde!
Die Mädchen umarmen den Franzosen und hindern ihn am Sprechen.
FINNE Aufgepaßt! *Er zeigt Fotos.* Das ist das Haus von meinen Eltern in Finnland. Bruder, Schwester, Cousine, Tante, Onkel. Das ist mein Jagdhund.
BERNHARDT *für sich* Ja, ich spreche französisch. Sag mal, Huberta, bist du zufrieden mit dir und der Welt?
HUBERTA Was du für Fragen stellst.
BERNHARDT Der Finne ist eingeschlafen.
HUBERTA Er träumt bestimmt von seinem Jagdhund. Sie träumen alle von Hündchen oder Püppchen. Ich möchte nicht wissen, wovon Helge oder Astrid träumen. Ich habe sie mitten auf dem Platz vor der Oper stehenlassen!
BERNHARDT Helge ist auch in Stockholm?
HUBERTA Ja, Astrid auch. Wir sind zu dritt hereingefahren. Wir wollten einen »netten« Nachmittag miteinander verbringen. Ich konnte ihr Gezwitscher nicht mehr mit anhören. Sie liegt mir in den Ohren; sie will die Jokaste spielen. Meinetwegen.
BERNHARDT Du trittst für sie zurück?
HUBERTA Wenn ich ehrlich sein soll, habe ich sie selbst auf den Gedanken gebracht. Ich bin dick und häßlich. Ich weiß es. Ich habe mich daran gewöhnt. Astrid ist schön wie ein Wachsbild. Sie hat ein ebenmäßiges Gesicht und eine geschmeidige Gestalt und lange Finger.

BERNHARDT Du wirst die Jokaste besser spielen als sie.
HUBERTA Sie freut sich schon so darauf. Und wenn ich ihr die Rolle abtrete, bin ich in gewisser Weise mit ihr dabei. Und ich verachte sie. Sie ist hübsch und nett und nichts. Ich bin mit siebzehn Jahren von Innsbruck nach Zürich getürmt, weil ich nicht in die Schneiderlehre wollte. Mein Vater hat mich mit der Polizei zurückgeholt. Dann bin ich nach Schweden abgehauen und habe gepflügt und gemäht und Heu geworben. Und jetzt bin ich mündig und jetzt gehe ich nie mehr nach Hause zurück! Warum erzähl ich dir das alles?
BERNHARDT Warum?
HUBERTA Ich habe dich nie leiden können. Ich finde dich manchmal geradezu widerlich. Helge und Astrid, über die kann ich nur lächeln. Aber bei dir weiß ich nicht, woran ich bin. Komisch, daß wir uns hier getroffen haben.
BERNHARDT Glaubst du, ich habe meine dreiundzwanzig Lenze mit Reisenecessaire und Reifeprüfungen überstanden? Ein paar Worte Französisch genügen, und ich kann nicht mehr ruhig auf meinem Schemel sitzen. Französisch! Und wenn ich in Marseille bin, will ich nach Salzburg, und wenn ich in Stockholm bin, will ich nach Lyon. Während der Weinernte übersetzte ich Marlowe, und wenn ich Tagore spiele, arbeite ich über Mutationen, und wenn ich Asoziale hüte, nehme ich Unterricht im Orgelspiel. O Gott, der Kerl spricht französisch, und ich muß auf Håknäss Kühe melken!
FINNE Du hörst nicht zu. Trink, sag ich! Ich bin Koch, sag ich! Hier ist ein Brief von meinem Bruder, und hier ist ein Brief von meinem Vater und von meiner Mutter. *Er schläft wieder ein.*
BERNHARDT Verstehst du, Huberta, ich bin nie ganz voll. Nichts ist bedeutend genug, daß es nicht noch etwas Bedeutenderes geben könnte. Ich will alles ausprobieren! Ich will alles wollen, um zu wissen, was ich sein kann!
FRANZOSE Ça alors, non! Je ne suis pas de tapette. Je suis

ingénieur diplômé. Où est le monsieur qui parle français?
Die Mädchen werfen sich um seinen Hals.
On est perdu!
HUBERTA Was will er?
BERNHARDT Einer von den jungen Männern hat ihm einen unsittlichen Antrag gemacht.
FINNE *wacht auf* Trink, sag ich – und rauch! *Er bietet Bernhardt und Huberta Zigaretten an und schläft wieder ein.*
HUBERTA Und was sagen deine Eltern dazu?
BERNHARDT Wenn ich zuhause bin, liege ich mir mit meiner Mutter von morgens bis abends in den Haaren, und wenn ich herumvagabundiere, schreiben wir uns steinerweichende Episteln. Übrigens wird sie mich bald besuchen kommen. Sie ist Anthroposophin.
HUBERTA Und dein Vater?
BERNHARDT Ich habe keinen Vater?
HUBERTA Du bist ein Findelkind?
BERNHARDT Nein, mein Vater ist tot.
HUBERTA Ist er im Krieg gestorben?
BERNHARDT Nein, ich habe ihn nie gesehen. Er ist vor meiner Geburt nach Schweden gegangen.
HUBERTA Woher weißt du, daß er gestorben ist?
BERNHARDT Vielleicht lebt er noch.
HUBERTA Du bist in Schweden, um deinen Vater zu suchen?
BERNHARDT Nein, worauf du kommst?
FRANZOSE Moi, j'en ai marre...
1. JUNGER MANN Was will er?
BERNHARDT Er hat keine Lust mehr.
1. MÄDCHEN Komm mal ein bißchen näher. Übersetz, was er sagt.
Huberta und Bernhardt setzen sich zu den Mädchen.
2. MÄDCHEN Du bist ein Franzose?
BERNHARDT Nein, wir sind Österreicher.
1. MÄDCHEN Und was macht ihr hier?
HUBERTA Wir sind Pfleger in einem anthroposophischen Heim für pathologische Kinder.
FRANZOSE Mon dieu, comment peux-tu vivre dans un pays pareil?

1. MÄDCHEN Was sagt er?
BERNHARDT Er fragt mich, wie ich es in eurem schwedischen Wohlfahrtsstaat aushalten kann. Tu connais Hölderlin?
FRANZOSE Bien sûr, j'ai fait mes études d'allemand.
BERNHARDT Il dit: Le temps de la tragédie est un temps oisif. Tu vois ce que je veux dire?
FRANZOSE Non.
1. MÄDCHEN Übersetz schon! Warum bist du in Schweden? Du magst die schwedischen Mädchen gern, nicht? Schweden ist das sauberste und das fortschrittlichste Land in ganz Europa. In Schweden herrscht völlige sexuelle Freiheit.
HUBERTA Was hast du dem Franzosen geantwortet?
BERNHARDT Hölderlin sagt in seiner Vorrede zum Ödipus: Die Zeit der Tragödie ist müßige Zeit.
1. JUNGER MANN Hat dir der Umgang mit den Verrückten nicht ein bißchen geschadet?
FINNE Trink!
Der alleinsitzende Mann im Hintergrund steht auf und setzt sich neben den Finnen.
Ich bin Koch.
2. JUNGER MANN Kommt ihr alle mit zu mir herauf?
2. MÄDCHEN Wir sind nicht genug Mädchen.
2. JUNGER MANN Das macht nichts.
FRANZOSE Qu'est-ce qu'ils préparent?
Astrid, Helge und Werner treten ein.
ASTRID Huberta, hier hast du dich verkrochen. Bernhardt, du bist hier! Wir haben Werner getroffen. Er hat auch frei.
HELGE Warum bist du mit einem Male vom Opernplatz verschwunden?
HUBERTA Wie habt ihr hergefunden?
WERNER Es gibt in Stockholm nur dieses eine Lokal, das ein bißchen romantischen Anhauch hat.
2. JUNGER MANN Du hast mir noch immer nicht gesagt, warum du nach Schweden gegangen bist, um pathologische Kinder zu pflegen.

1. MÄDCHEN Du bist entsetzlich stur. Er hat es doch gesagt. Er bewundert die sexuelle Freiheit und die sozialen Einrichtungen und die großen modernen Irrenhäuser und überhaupt das Ganze.
2. JUNGER MANN Wirklich, ist das der Grund?
BERNHARDT Ich will das Schlaraffenland kennenlernen und die Anthroposophen.
2. MÄDCHEN Was sind das für welche?
1. MÄDCHEN Das sind Leute, die glauben, daß man immer noch mal wieder leben kann. Sie geben Medizin, da ist nichts drin. Und es wirkt trotzdem.
HUBERTA Das ist doch nicht das Wesentliche.
1. MÄDCHEN Bist du 'ne Anthroposophin?
HUBERTA Ja.
2. JUNGER MANN Was ist denn das Wesentliche?
HUBERTA Das Gute und das Wahre und das Schöne! *Beschämt* Ich bin ganz betrunken.
2. JUNGER MANN Ich komme nochmals darauf zurück: *Zu Bernhardt* Wie begründen Sie Ihren Schwedenaufenthalt?
BERNHARDT Ich will wissen, was es heißt, geisteskrank zu sein.
1. MÄDCHEN Laß sie doch! Kommt! Ober, zahlen!
Der Ober kassiert.
FRANZOSE Où veulent-ils aller?
BERNHARDT Ils vont faire l'amour en bande.
ASTRID Was sagst du?
BERNHARDT Ich erkläre dem Franzosen, daß die jungen Leute hier eine kleine Orgie vorbereiten.
WERNER Ich gehe auf keinen Fall mit!
2. JUNGER MANN *zu Bernhardt und Werner* Ich habe es Ihnen schon angedeutet, wenn wir unter uns bleiben wollen, schicken wir die Mädchen zu den andren und gehen zu mir.
BERNHARDT Unser Zug fährt in einer halben Stunde.
2. MÄDCHEN Wenn sie nicht wollen, dann laß sie doch!

FRANZOSE *von den Mädchen weggezogen* Je vous dis, on est perdu.
Die jungen Männer mit den Mädchen und dem Franzosen ab
WERNER Bernhardt, alter Schürzenjäger, du hättest dein entsetztes Gesicht sehen sollen, als dir der Schwede seinen perversen Antrag gemacht hat.

III.

Bernhardts Studierzimmer.
Bernhardt und Astrid proben Ödipus.

ASTRID »Mich ä n g stet's!«
BERNHARDT Nein!
ASTRID »Mich ä n g stet's!«
BERNHARDT »Mich ä n g stet's!«
ASTRID »Mich ängstet's!« Laß uns eine Pause machen.
BERNHARDT Möchtest du etwas trinken?
ASTRID Ja.
BERNHARDT Ich kann dir nur diese scheußliche schwedische Limonade anbieten, die uns die Direktion zuteilt. Die Leute hier müssen überhaupt keinen Durst empfinden, daß sie ein solches Gesöff fabrizieren. Hast du schon einmal unverschnittenen, marokkanischen Rotwein getrunken?
ASTRID Bernhardt, mein Leben hat sich bisher in norddeutschen Bürgerhäusern und in Haushaltungsschulen abgespielt. Dort trinkt man keinen unverschnittenen, marokkanischen Rotwein.
BERNHARDT Selbstverständlich. *Pause*
ASTRID Ich bewundere, wie du dich eingerichtet hast. Die Anthroposophen haben ihre Zimmer himmelblau und ro-

sarot gestrichen. Huberta auch. Deine Wände sind weiß gekalkt, wie in der Zelle eines strengen Mönches. Ich liebe deine Bücher, Bernhardt: Freud, Strindberg, Jahnn, Saint-John Perse. Bei den andren findet man immer nur Steiner, Steiner, Steiner! Was hältst du eigentlich davon?

BERNHARDT Ich bin voreingenommen. Meine Mutter hat mich mit Anthroposophie aufgesäugt.

ASTRID Warum bist du in dieses Heim gegangen?

BERNHARDT Ich wollte sehen, ob sie recht haben.

ASTRID Helge sagt, die Anthroposophie sei völliger Käse.

BERNHARDT Ich erlaube mir an der Allgemeingültigkeit von Helges Urteilen zu zweifeln.

ASTRID Du magst Helge nicht?

BERNHARDT Doch, er ist freundlich und ein guter Sportsmann.

ASTRID Er ist gewachsen wie Antinous.

BERNHARDT Wie Antinous!

ASTRID Du treibst keinen Sport?

BERNHARDT Nicht mit Händen und Füßen. Ich hasse das!

ASTRID Und Huberta? Magst du Huberta sehr gern?

BERNHARDT Huberta ist eine Figur von Shakespeare. Ich weiß nur noch nicht, welche.

ASTRID Übrigens will Natascha Meierdorf auch im Ödipus mitspielen.

BERNHARDT Die Sprachgestalterin! Und ich hatte gehofft, daß sie von unserer Aufführung keinen Wind bekommen würde.

ASTRID Ist es sehr schlimm?

BERNHARDT »Deerr LLeebeennsgaaiistteesseeeeleennlaaaiiibb.« Diese rosa Jungfern sollen sich um Heilkräuter und Heiltänze kümmern, aber die Hände vom Theater lassen.

ASTRID Bernhardt, was ist das, das Buch in Pergament?

BERNHARDT Ein hebräisch-lateinisches Wörterbuch aus dem 16. Jahrhundert.

ASTRID In deinem Zimmer steht die ganze Welt. Bring mir etwas bei. Ich bin ungebildet, aber ich bin fleißig.

BERNHARDT Befasse dich mit deiner Rolle.
ASTRID Ich möchte noch viel mehr lernen.
BERNHARDT Wenn du Lust hast, kannst du Griechisch mit mir treiben. Ich will den Ödipus im Original lesen. Wörterbuch, Grammatik und griechischen Text besitze ich.
ASTRID Du kannst Griechisch?
BERNHARDT Nein, ich will es lernen. Aber ich habe nicht viel Zeit. Nachts von zwölf bis halb eins, wenn du willst. Wir schreiben die Vokabeln auf kleine Zettel. Die Zettel werde ich mir während des Melkens ins Stroh legen. Du kannst die Vokabeln beim Rübenputzen lernen.
ASTRID Ich danke dir, daß du dich so mit mir beschäftigst.
BERNHARDT Bist du inzwischen wieder restauriert?
ASTRID Ja.
BERNHARDT Dann weiter. »Mich ängstet's« in der Bewegung.
ASTRID *wirft die Arme in die Luft* »Mich ängstet's!«
BERNHARDT Es handelt sich nicht um einen Konfirmationsbraten.
ASTRID Sag mir doch, wie ich es machen soll.
BERNHARDT Du hast mehrere Möglichkeiten. Du gehst zwei Schritte vorwärts, *Astrid vollführt die von ihm suggerierten Gesten.* bleibst, den Oberkörper leicht vorgewölbt, stehen, hebst die Arme – langsam – ganz aus der Schulter heraus – locker – locker – Hände in der Höhe des Gesichtes, richtest du deinen Oberkörper langsam auf und fängst an, deinen Satz zu schreien.
ASTRID »Mich ängstet's!«
BERNHARDT Das ist wie Adele Sandrock. Dann gibt es die Lösung aus der Tüte: Cecil B. de Mille und Jean Vilar. Du bleibst stehen, reißt die Augen auf, greifst dir an den Busen oder an die Nase oder sonstwohin und gurgelst die Worte, daß sie möglichst niemand versteht.
ASTRID Wie denn nun?
BERNHARDT Umgekehrt: Du bietest dich vor Verwirrung deiner Angst an. Bleib stehen, Hände runter, lehn dich zurück, öffne deine Schenkel ein wenig, laß die Arme runterhängen! Los jetzt!

ASTRID »Mich ängstet's!« *Stürzt. Bernhardt hält sie.*
BERNHARDT Umfallen darfst du dabei nicht.
ASTRID Ich kann nicht mehr. Es ist mitten in der Nacht. Ich habe Angst. Mir ist übel.
BERNHARDT Laß uns ein bißchen frische Luft schnappen.
Sie brechen auf.
– Ein alter Viehweg. Verschneite Hügel. Heuschober
Im Mondlicht werfen die Schneewehen blaue Schatten.
ASTRID Ich muß mit dir sprechen.
Fuchsschreie
BERNHARDT Was ist das? Ein Mensch?
ASTRID Kein Mensch. Ein Fuchs. Wir haben so wenig Zeit, miteinander zu reden. Tagsüber hält uns die Arbeit ab, und abends proben wir Ödipus, bis dir die Augen rot werden und mir sich der Magen umdreht.
BERNHARDT Du wirst gut als Jokaste.
ASTRID Warum weichst du mir aus?
BERNHARDT Ich will, daß du gut wirst. »Das Mädchen aus der Küche.« Ich will es diesen verpupten Esoterikern beweisen.
ASTRID Bernhardt, ich liebe dich.
BERNHARDT Das ist überflüssig.
ASTRID Du hast kein Herz.
BERNHARDT Was weißt du von mir, red keinen Blödsinn.
ASTRID Ich kenne dich genau.
BERNHARDT Wirklich? Dann lauf, so schnell du kannst.
ASTRID Wie kann ich fortlaufen, wenn ich immer mit dir zusammen sein möchte.
BERNHARDT Du hörst doch, was sie alle von mir sagen: Bernhardt Silberfänger, der Mädchenfänger. Willst du vernascht werden, haps, haps, haps?
ASTRID Ich weiß überhaupt nichts mehr, ich weiß nur, daß ich dich liebe.
BERNHARDT Es gibt viele hübsche, starke Jungen in der Umgegend.
ASTRID Helge! – Ich sehe ihn mir manchmal an. Er hat einen aufregenden Mund. Aber ich würde nicht seinetwegen zu

ihm gehen, sondern nur um mir vorzustellen, daß er du wäre.
BERNHARDT Es braucht nicht Helge zu sein. Erwarte nichts von mir. Mach dich nicht unnütz kaputt. Theater, Griechisch, Französisch, wenn du willst Literaturgeschichte, Archäologie – genügt das nicht? Schlafen mit dir kann jeder andre auch. Ich meine, schlafen kann ich mit jeder andren auch.
ASTRID Wenn ich nachts nach der Probe in mein Zimmer komme, bleibe ich noch stundenlang wach. Mir ist übel vor Verlangen nach dir.
BERNHARDT Nimm dich zusammen, wir wollen beide eine saubere Arbeit abliefern.
ASTRID Ich will auf diese Weise nicht weiterleben.
BERNHARDT Du kannst mich jetzt nicht aufsitzen lassen. Ich brauche deine Jokaste wichtiger als eine Geliebte! Abgemacht?
ASTRID Abgemacht!
Unter Fuchsschreien gehen beide von der Bühne.

IV.

Bernhardts Studierzimmer.
Helge und Bernhardt proben Ödipus.

HELGE »Unglücklicher, wofür, was willst du wissen?«
BERNHARDT »Gabst diesem du das Kind, wovon er spricht?«
HELGE »Ich gab's. Wär ich vergangen jenes Tages!«
BERNHARDT »Das wird dir auch, sagst du das Rechte nicht.«
HELGE »Noch viel mehr, wenn ich rede, bin ich hin.«
BERNHARDT »Der Mann, so scheint es, treibet es zum Aufschub?«

HELGE »Nicht so; ich sagte längst, daß ich es tat.«
BERNHARDT »Wo nahmst du's her? war's eigen oder andern?«
HELGE »Mein war es, nicht empfing ich es von einem.«
BERNHARDT »Von welchem Bürger das, aus welchem Hause?«
HELGE »Nicht, bei den Göttern, frage weiter, Herr!«
BERNHARDT Gut. – Wie spät ist es?
HELGE Halb eins.
BERNHARDT Wir sitzen jetzt vier Stunden über der Szene.
HELGE Wollte Astrid nicht noch kommen, Griechisch lernen?
BERNHARDT Ich habe sie ins Bett geschickt. Ich wollte heute abend deine Szene so weit wie möglich vorwärts bringen. Bist du betrübt, daß du sie nicht siehst?
HELGE Nein. – Was macht euer Griechisch?
BERNHARDT Wir können es aussprechen. Aber die Worte bleiben für uns wie Ringe, die wir uns ihrer schönen Ziselierung wegen an die Finger stecken, ohne ihren Wert zu kennen.
HELGE Wenn du nichts dagegen hast, glaube ich, daß ich jetzt nach Hause gehen sollte. Sonst würde Mutti vielleicht schimpfen. Ich muß morgen früh in die Schule.
BERNHARDT Ich muß morgen früh in den Kuhstall. Ich melke gern, besonders, wenn ich griechische Vokabeln dabei lerne, aber Pelle wird mir im Stall helfen, das heißt, ich muß ihm helfen, daß er mir hilft, und das ist doppelt so anstrengend, als machte ich die Arbeit selbst.
HELGE Pelle? Welcher ist Pelle?
BERNHARDT Der Lange, der sich immer entschuldigt.
HELGE Der allen Jungen nachläuft?
BERNHARDT Hast du ihn beobachtet?
HELGE Nein, ich habe es sagen hören. Vielleicht entschuldigt er sich deswegen?
BERNHARDT Ist es in Schweden etwas derart Anstößiges?
HELGE Nein, aber die anderen hänseln ihn vielleicht, und Herr Direktor Balthasar Hapf und seine Frau Ludmila machen ihm sicher Vorhaltungen.

BERNHARDT Es kommt oft vor. Die Jungen werden von den Mädchen außerhalb abgewiesen. Manche Jungen leben miteinander wie in einer Ehe.

HELGE Wie in einer Ehe, das ist gut gesagt.

BERNHARDT Nein, das ist sehr ungenau ausgedrückt. In Schweden verbindet sich mit dem Begriff Ehe sofort der Gedanke an Strindberg, an ›Totentanz‹ und ›Gespenstersonate‹. Die Liebe der Jungen von Håknäss ist... Darüber soll man keine Worte verlieren. Pelle ist eine Ausnahme. Der Grund für seine unaufhaltsame Suche nach Verzeihung liegt tiefer.

HELGE Kennst du diesen Grund?

BERNHARDT Ich? Wieso ich?

HELGE Es ist spät. Mutti wird sicher schimpfen, daß ich solange bleibe. *Er steht nicht von seinem Stuhl auf.*

BERNHARDT Auch ich will ins Bett gehen. *Er bleibt sitzen.* Du kehrst von einer Englandreise zurück?

HELGE Ja.

BERNHARDT Deine Eindrücke?

HELGE London hauptsächlich. Ich war hauptsächlich in London.

BERNHARDT Warst du auch in den Vergnügungsvierteln von London?

HELGE Gelegentlich.

BERNHARDT Gibt es dort etwas Besonderes?

HELGE Der Autostop geht gut.

BERNHARDT Ich meine in den Vergnügungsvierteln.

HELGE Interessiert es dich sehr?

BERNHARDT Wir können gerne das Thema wechseln. Du bist in England auf dem Daumen gereist?

HELGE Von mir aus brauchst du nicht das Thema zu wechseln. Ich unterhalte mich gerne über die Vergnügungsviertel.

BERNHARDT Man muß sich vorsehen, man wird leicht in allerhand unangenehme Geschichten verwickelt.

HELGE Ich weiche dann meistens aus.

BERNHARDT Bist du einmal in eine unangenehme Geschichte verwickelt worden?

HELGE Nicht direkt.

BERNHARDT Aber?

HELGE Ich sah einer Abrechnung unter Gangstern zu: Sieben Männer liefen hinter einem einzigen her und schlugen ihn nieder. *Lange Pause* Sonst ist mir nichts besonders Abenteuerliches in London begegnet.

BERNHARDT Und beim Autostop?

HELGE Das ist immer das Gleiche.

BERNHARDT Was?

HELGE Irgendein Mann, der dir die Hände aufs Knie legt. Und sagt, daß du so seltsame graue Augen hast.

BERNHARDT Du hast ihm ins Gesicht geschlagen?

HELGE Nein.

BERNHARDT Auch mir hat man die Hand aufs Knie gelegt.

HELGE Hast du ihm ins Gesicht geschlagen?

BERNHARDT Nein.

HELGE Das dacht ich mir gleich, als du diese Unterhaltung anfingst.

BERNHARDT Es ist widerlich, einen Menschen ins Gesicht zu schlagen. Es ist widerlich, von einem Menschen ins Gesicht geschlagen zu werden. Es ist erniedrigend, auch für den, der schlägt.

HELGE Als ich klein war, wurde ich in der Schule oft gehänselt. Einmal habe ich sehr hart zugeschlagen. Ich wußte nicht, wie stark ich war. Ich habe mir geschworen, nie wieder jemanden ins Gesicht zu schlagen.

BERNHARDT War der Engländer freundlich?

HELGE Vielleicht.

BERNHARDT Hast du in Schweden auch Autostop gemacht?

HELGE Gelegentlich. In Lappland, mit einem Klassenkameraden. Wir wollten es ausprobieren. Wir hatten so viel in der Schule davon gehört.

BERNHARDT Im Unterricht?

HELGE Es war eine ganz junge Lehrerin. Sie hat uns ohne Vorurteile davon gesprochen.

BERNHARDT Hattest du keine Lust, mit Mädchen nach Lappland zu fahren.

HELGE Doch. Seit ich dreizehn bin, fahre ich viel mit Mädchen umher.

BERNHARDT Und mit wem zeltest du lieber, mit Mädchen oder mit Jungen?

HELGE Und du?

BERNHARDT Ich kann mit Mädchen nichts anfangen.

HELGE Und Herr Direktor Balthasar Hapf hat die Erzieher zu einer Sonderkonferenz einberufen, weil du eine sittliche Gefahr für alle weiblichen Mitarbeiter bedeutest.

BERNHARDT Ja, Herr Direktor Balthasar Hapf hat auch besonders geistige Einsichten in mich. Ich gehe gern mit den Mädchen tanzen. Sonst unternehme ich nichts, um meinem Ruf als Schürzenjäger nachzuhelfen.

HELGE Vielleicht bist du es gar nicht.

BERNHARDT Was weiß ich, was ich bin? Als ich vierzehn Jahre alt war, lernte ich einen Schriftsteller kennen, der mir davon erzählt hat. Wenn ein Junge mit einem Mädchen zelten geht, stellt der Junge das Zelt auf, und das Mädchen legt sich hinein. Zwei Jungen bauen gemeinsam ihr Zelt. Gleich und gleich. Im Hebräischen ist zelten und erkennen dasselbe Wort. Es ist spät! Deine Mutter wartet auf dich. *Er streicht bedauernd, abschließend, ohne jede Anzüglichkeit Helge über die Haare.*

HELGE *kniet sich neben ihn* Wir ziehen uns Schuhe und Strümpfe aus. Wir ziehen uns ganz nackt aus und legen uns nebeneinander.

BERNHARDT Glaubst du an Gott?

HELGE Nein, und du?

BERNHARDT Ich auch nicht.

V.

Schlafsaal des Heims.
Pelle sitzt am Bett eines Jungen. Lennart steht am Fenster und klopft ununterbrochen an die Scheibe. Stig springt mit gespreizten Schritten durch den Raum, von Zeit zu Zeit ringt er die Hände. Bernhardt tritt ein. Pelle springt vom Bett auf.

PELLE Verzeihen Sie, es ist ein Zufall. Ich habe gar nichts mit ihm gemacht. Entschuldigung! Verzeihung!
STIG *springt herbei* Guten Morgen, Herr Silberfänger.
BERNHARDT Guten Morgen, Stig. Hast du gut geschlafen?
Stig springt davon.
Pelle, die Kühe warten schon auf dich. Zieh dich jetzt an!
PELLE Ich komme gleich. Entschuldigen Sie, was soll ich eigentlich im Stall. Ich habe gar nichts gemacht. Ich bitte um Verzeihung. *Er zieht seine Arbeitskleidung an.*
LENNART *indem er mit abgewandtem Gesicht an die Scheibe trommelt* Guten Morgen, Herr Silberfängerlinger. Es freut mich, Sie zu sehen. Wie steht's denn mit der Arbeit? Lennart, hör mit dem Trommeln auf. *Er stellt das Trommeln ein.* Und die Kühe geben sozusagen Milch? *Er trommelt wieder.* Lennart, du trommelst ja schon wieder. Ja, Herr Silberfängerlinger, das ist eben alles so! *Er stellt das Trommeln ein, brüllt.* Nein! *Er trommelt weiter.*
HASSE *ist von dem Schrei Lennarts aufgewacht* Guten Morgen, Herr Silberfänger.
BERNHARDT Guten Morgen, Hasse.
HASSE Haben Sie gut geschlafen?
BERNHARDT Ja, und du?
HASSE Ich auch.
BERNHARDT Pelle, zieh dich doch an.
PELLE Was wollen Sie eigentlich von mir? Entschuldigen Sie bitte! Nein, ich komme nicht mit! Ich lasse mir das nicht gefallen! Ich habe gar nichts mit ihm gemacht. Verzeihung! Verzeihung! Was nützt das denn, wenn ich

melken lerne? Wollen Sie auch mal? Sie haben mir gar nichts zu sagen! Verzeihung! Ich will nicht in den Stall gehen!

HASSE Pelle, du sollst dich schämen. Herr Silberfänger muß allein alle Kühe für uns melken. Dir würde es guttun, wenn du melken lerntest. Es ist nur zu deinem Besten.

PELLE Reg dich nicht auf! Entschuldigung! Ich gehe selbstverständlich. Gleich, gleich! Wollen Sie auch mal? Verzeihung, natürlich. Ich wehre mich! Ich habe gar nichts getan, gar nichts. Ich werde wohl noch bei einem Jungen auf der Bettkante sitzen dürfen. Ich sehe nicht die geringste Notwendigkeit ein, melken zu lernen. Verzeihung, nur Verzeihung!

BERNHARDT Pelle, beruhige dich. Ich mache dir keine Vorwürfe. Nur komm!

HASSE Lassen Sie ihn, wenn er nicht will! Wir brauchen seine Hilfe nicht. Er sollte sich wirklich schämen. Von heute an werden wir beide ganz allein im Stall arbeiten.

PELLE Sie sind nicht besser als ich! Wollen Sie nicht auch mal? Entschuldigung! Kommen Sie! Zwei Jungen zusammen! *Er bedroht Bernhardt.* Ich lasse mir das nicht länger gefallen. Ich schlage alles zusammen.

HASSE Pelle, wage es nicht, Herrn Silberfänger weh zu tun! Ich verteidige ihn. Gehen Sie nur. Ich komme Ihnen helfen, gehen Sie ruhig. *Er bleibt im Bett.*

PELLE Ich komme auf keinen Fall.

Bernhardt wendet sich zum Gehen.

Ich will ganz folgsam sein. Ich schlage alles zusammen! Tun Sie mir nichts! Sagen Sie es niemandem! Ich gehe in den Kuhstall! *Mit Bernhardt ab*

HASSE Bleib nur hier. Herr Silberfänger will dich gar nicht im Kuhstall sehen. Ich werde ihm helfen. Herr Silberfänger und ich werden den Kuhstall ganz alleine in Ordnung halten. Ich komme jetzt gleich. *Er dreht sich zur Wand, zieht seine Decke über den Kopf und schläft ein.*

Stig hat nicht aufgehört, durch den Raum zu springen.

LENNART Herr Stig Lindberg, müssen Sie denn andauernd durch dieses Zimmer hüpfen?
Stig hört nicht auf ihn.
Lennart, du trommelst ja schon wieder. Lennart, laß das Trommeln sein. *Er hört auf. Er fängt von neuem an.*

VI.

Vor dem Heim.
Die Erzieher und ihre Pfleglinge warten auf das Läuten zum Frühstück. Herr Hapf kommt mit Bernhardt, der einen Milcheimer trägt.

HAPF Herr Silberfänger, Ihr Leben ist falsch!
NATASCHA MEIERDORF Herr Direktor Hapf, heute morgen ist die Grütze wieder nicht zur rechten Stunde fertig.
HAPF *ruft* Fräulein Astrid!
Astrid kommt aus der Küche gelaufen.
Warum können wir denn noch nicht essen?
ASTRID Die Grütze ist nicht gar. Auf fünf Minuten wird es wohl nicht ankommen!
HAPF Es handelt sich nicht um fünf Minuten, es handelt sich darum, daß der Rhythmus des Tages zerstört wird. Jede Stunde hat ihre Bedeutung, Fräulein Astrid.
NATASCHA Sie sollten lieber abends zeitiger schlafen gehen und nicht so lange Ödipus proben. Der Schlaf vor Mitternacht ist für junge Menschen besonders heilbringend.
ASTRID Und die gebückte Haltung vor Schlüssellöchern ist für ältere Damen besonders schädlich. Außerdem bin ich heute alleine in der Küche, wenn es Ihnen mit der Grütze zu lange dauert, können Sie mir gerne helfen kommen, damit würden Sie die Bedeutung der Stunde besser erfassen, als mit den Schwimmbewegungen, die Sie zu Ihren Morgensprüngen in der Luft vollführen. *Ab*

NATASCHA Schwimmbewegungen! Die Eurhythmie! Das ist der Einfluß des Ödipus!
Sie wendet sich entrüstet ab.
HAPF Sie leben ein zügelloses, zerrissenes Leben, Herr Silberfänger!
STIG *hüpft heran* Guten Tag, Herr Hapf!
Er hüpft davon.
HAPF Guten Tag, Stig!
BERNHARDT Welches Leben preisen Sie mir?
HAPF Ein Leben, welches nach der Wahrheit sucht, nach dem Guten, dem Schönen.
LUDMILA HAPF *kommt mit Huberta* Entschuldigt, daß ich euch unterbreche: Darf mir Huberta heute bei den Blumen und den Kräutern helfen?
HAPF Ich hatte gedacht, Huberta über die Äcker zu schikken, die Präparate auszusprühen. Der Mond steht günstig.
LUDMILA Ich hatte gedacht, einen kleinen Klostergarten anzulegen. Die Jungen haben mir eine Mauer aus Feldgestein aufgerichtet, und Huberta sollte Rosen pflanzen und Salbei und Ackelei säen.
HAPF Helfen Sie nur meiner Frau, Huberta! Wir brauchen Blüten und Kräuter für unsere kranken Jungen. In ihnen leben die Kräfte der Sterne!
Ludmila und Huberta gehen.
BERNHARDT Ich versuche, das Gute, das Schöne, das Wahre auf meine Weise zu erreichen.
HAPF Auf falsche Weise; ohne Ordnung, ohne Ehrfurcht, ohne Bescheidenheit.
LENNART Guten Tag, Herr Direktor Hapf! Wir haben uns schon gesehen, Herr Silberfängerling. Sie haben jetzt also sozusagen gemolken! Ihr Stall ist sozusagen mustergültig! Machen Sie weiter so, Herr Silberfängerling. Lennart, du redest zuviel. Lennart, geh jetzt. *Ab*
HAPF Ich habe gehört, daß Sie neben den Proben zum Ödipus noch das Studium von Sigismund Freud begonnen haben.

BERNHARDT Sie sind zutreffend unterrichtet. Ich befasse mich mit Sigmund Freud, solange ich auf Håknäss bin.

HAPF Das ist also die Wahrheit für Sie: Zergliederung. Nicht Sammlung! Selbstzergliederung! Ihr eigenes gespaltenes Ich! Das Gute ist für Sie die Befriedigung Ihrer persönlichen Absichten und Lüste. Die Schönheit ist für Sie die Zerstückung des Ödipus!

BERNHARDT Ja, das ist die Wahrheit für mich: Selbstzergliederung! Ich will wissen, wer ich bin! Das Gute ist für mich die Befriedigung meiner Lüste! Ich weiß, ich bin eine sittliche Gefahr! Zärtlichkeit ist unsittlich, ich weiß! Die Schönheit ist für mich...

ASTRID *kommt* Die Grütze ist aufgetragen. Kann ich läuten?

HAPF Ja.

Astrid läutet. Die Jungen fangen an in den Eßsaal zu gehen.

Was ist die Schönheit für Sie?

BERNHARDT Sie haben es ausgesprochen: Die Zerstückung des Ödipus und...

HAPF Pelle, geh jetzt augenblicklich deine Hände waschen!

PELLE *der mit einem Jungen getuschelt hat* Ich habe gar nichts gemacht. Ich will gar nicht! Verzeihung!

HAPF Geh jetzt augenblicklich deine Hände waschen!

PELLE Ich gehe schon. Entschuldigung!

HAPF Sie wollten der Zerstückung des Ödipus noch etwas hinzufügen.

BERNHARDT Ja, die Fröhlichkeit. Auf die Tragödie folgt das Satyrspiel. Katharsis. Poetik. Aristoteles!

HAPF Mit Spottgelächter und Lektüre erfassen Sie nicht den wahren Grund der Dinge.

BERNHARDT Ich bin bereit, jeden Buchstaben nachzuprüfen.

HAPF Auch mit Ihrer Experimentierwut schaffen Sie sich keine Erkenntnisse!

BERNHARDT Wie dann?

HAPF Indem Sie glauben lernen, daß Ihr augenblickliches

Leben nur die Folge eines früheren Lebens ist, daß Sie hienieden sind, um die Schuld eines früheren Lebens abzubüßen, daß Sie diesen Leib nur besitzen, um der Wahrheit, dem Guten und dem Schönen zu dienen.

BERNHARDT Für mich ist der Leib selbst die Wahrheit, das Gute und das Schöne.

HAPF Sie sagten es schon. Für Sie begrenzt sich eben alles auf die Libido.

HASSE *kommt* Guten Morgen, Herr Direktor Hapf. Ich weiß, ich komme zu spät. Ich bin wieder eingeschlafen. Morgen werde ich Ihnen bestimmt beim Melken helfen, Herr Silberfänger. Ich werde ganz früh aufstehen und meine Arbeitskleider anziehen und im Stall sein, ehe Sie mich wecken kommen. Von morgen an werden wir den Stall ganz alleine übernehmen! *Er geht zum Essen ab.*

HAPF Warum versteifen Sie sich gerade auf Sigismund Freud? Er ist vor zwanzig Jahren gestorben, und seine Lehre ist längst von andren abgelöst worden?

BERNHARDT Haben Sie Sigmund Freud gelesen?

HAPF Ich brauche Sigismund Freud nicht zu lesen. Ich lese Steiner.

BERNHARDT Jeder urteilt Freud ab, und keiner hat ihn gelesen. Ich lese ihn. Achtzehn Bände. Es gibt andre Theorien über die Seele, aber es gibt keine besseren.

HAPF Wenn Ihre Augen geöffnet wären, würden Sie einsehen, daß Sie zu Ihrem eigenen Besten von geistigen Wesenheiten in dieses Heim geführt worden sind, um sich mit der Anthroposophie zu befassen.

BERNHARDT Wer sagt Ihnen, daß mich nicht der Ödipuskomplex hierhergetrieben hat?

HAPF Sie scherzen.

BERNHARDT Ja, denn man hat mich weder in dieses Heim geführt noch getrieben. Es war meine eigene Absicht hierherzukommen. Ich will Freud und Steiner vergleichen. Ich will beide in der Praxis nachprüfen. Steiner an den Jungen. Freud an mir selber.

HAPF Ich kann Sie nicht zwingen, von Ihrem Weg abzulas-

sen; aber ich rate Ihnen, besinnen Sie sich, ehe Sie zerbrechen.
BERNHARDT Wer sagt Ihnen, wenn ich zerbreche, ob der Weg falsch war und nicht ich schwach?
LUDMILA HAPF *kommt eilig* Pelle ist wieder gänzlich verwirrt! Was sollen wir tun?
HAPF Es wird schlimmer und schlimmer mit ihm. Es gibt keinen Ort, keine Stunde des Tages, wo er nicht versucht, seine Begierden zu befriedigen.
LUDMILA Aber wenn er sich so schrecklich auslebt, ist er vielleicht eines Tages gestillt.
HAPF Nein, je mehr er nachgibt, desto mehr wird es ihn verlangen.
LUDMILA Ich will ihn wieder zum Weben schicken. Vielleicht gelingt es ihm, sich in dieser regelmäßigen Beschäftigung zu fangen. Ich will Eurhythmie mit ihm treiben. Der Tanz wird seinen Körper aufwärtsziehen in die Welt des Lichts. *Sie geht.*
HAPF Helge Schimming spielt bei Ihnen im Ödipus mit?
BERNHARDT Können wir die Kranken pflegen, wenn wir nicht an ihren Wirren unseren Teil haben?
HAPF Sie haben sich dem Teufel verschrieben. Ich warne Sie.

VII.

Bernhardts Studierzimmer.
Bernhardt und Helge liegen mit entblößtem Oberkörper auf dem Bett.

BERNHARDT Die Nacht war ganz grün. Ich bin dreimal aufgewacht. Du lagst neben mir, wie ein Nöck.
HELGE Was ist das, ein Nöck?
BERNHARDT Ein Wassermann. Als ich klein war, las mir meine Mutter eine Geschichte vom Nöck vor.

HELGE Uuh! Ich bin der Wassermann Nöck.
BERNHARDT Uuh! Ich bin das Einhorn! *Sie ringen miteinander.* Ich spieße dich mit meinem Horn auf!
HELGE Ich ziehe dich an deinem Horn ins Meer.
BERNHARDT Laß! Wenn wir jetzt noch einmal anfangen, kommen wir heute nicht mehr nach Stockholm.
HELGE Wo ist meine Hose?
BERNHARDT »...fragte er. Anna aber heiratete ihn dennoch; weshalb sie Anna Ohnehose genannt wird.«
HELGE Hier ist die Hose!
BERNHARDT »...rief der Mundschenk und schwenkte seine Beute über die jubelnde Menge. Darauf brach der Erzbischof von Winchester in einen Weinkrampf aus und...«
HELGE »...machte sich in die Hose.«
BERNHARDT »Er machte sich in Annas Hose und wischte sich den Arsch mit dem Bart des Herzogs der Normannen.«
HELGE »Anna Ohnehose nahm die volle Hose...«
BERNHARDT »...und leerte sie.«
HELGE »Die beiden Meßknaben der Äbtissin aber...«
BERNHARDT »...schenkten vier prächtigen Zwillingen das Leben...«
HELGE »...wurden in Acht und Bann getan...«
BERNHARDT »...und siebzehn Jahre später auf dem Konzil in Flensburg heilig gesprochen.«
HELGE »Anna Ohnehose erfror sich eine Backe. Halleluja!«
BERNHARDT »Zu lesen in der Chronique du Père Anselme. Boston 1321.«
Beide haben sich inzwischen angezogen und verbeugen sich steif.
Vive la Turquie!
HELGE Auf nach Stockholm.
Bernhardt und Helge sitzen sich schräg gegenüber in einem Coupé der Eisenbahn. Neben Bernhardt ein distinguierter alter Herr. Der Platz neben Helge ist frei. Natascha Meierdorf kommt.
NATASCHA Ödipus und sein Ephebe fahren nach Stockholm. Sieh einer an. Ist der Platz hier frei?

HELGE Ja, das heißt...
NATASCHA O, ich werde Sie nicht stören. Ich will mich nicht in Ihre Unterhaltung mischen. Ich habe mir Reiselektüre mitgebracht: ›Reinkarnation und Karma‹, von Doktor Rudolf Steiner.
BERNHARDT Aber Sie stören uns nicht das geringste bißchen. Im Gegenteil. Ich will schon seit langem mit Ihnen sprechen. Spielen Sie doch auch im Ödipus mit. Wir haben nicht genügend Darsteller. Spielen Sie den blinden Seher Teiresias.
NATASCHA *kann ihre Freude, bei den jungen Leuten mitzuspielen, nicht unterdrücken* Aber ich... werden wir denn eine gleiche Auffassung... ich bin doch Sprachgestalterin... in Dornach von Doktor Steiner selbst ausgebildet... aber... Ich sage zu. Nun muß ich mich aber wirklich an meine Lektüre machen.
BERNHARDT Helge, kennst du das Gedicht von Goethe, wo er auf seine gesammelten früheren Erdenleben anspielt?
HELGE Natürlich, ich habe es Mutti zum Muttertag aufgesagt.
Kaum von dem Götterblitz
War ich erhellt,
Als schon der Aberwitz...
BERNHARDT ...einhergeschnellt.
Sah ich mit Freudenblick
Seltsames Ahnenglück:
Nachgeburtliche Zeugung.
NATASCHA Ich habe nie davon gehört. Welch ganz große Schau!
HELGE Vor allen Dingen die zweite Strophe:
Humus auf Humus schnell,
Tam, tam, tam, tam!
BERNHARDT Tam, tam, tam, tam, tam, tam,
Tam, tam tam, tam!
Regenwurmes Entscheidung:
Nachgeburtliche Zeugung!
NATASCHA Rätselhaft. Das kann nur übertragen gemeint sein.

HELGE Und im dritten Vers spricht er es dann aus:
BERNHARDT ...Neuerliche Verfleischlichung.
NATASCHA Verfleischlichung! Inkarnation!
Der Herr neben Bernhardt steht eilig auf, wirft einen raschen Blick auf die drei und sucht den Ausgang.
BERNHARDT Wir sind angelangt!
BERNHARDT und HELGE Auf Wiedersehen als Teiresias, Fräulein Meierdorf!
Der Gyllene Freden.
Bernhardt, Helge, Maitresse d'Hôtel
MAITRESSE D'HOTEL Austern oder Hummer oder Norwegischen Lachs?
BERNHARDT Das müssen wir erst miteinander besprechen. Auf jeden Fall einen Whisky als Aperitif.
Die Maitresse d'Hôtel geht den Whisky holen.
Weißt du, wie man Hummer ißt?
HELGE Nein.
BERNHARDT Ich auch nicht.
Die Maitresse d'Hôtel serviert den Whisky.
Vier Dutzend Austern, bitte, und einen grünen Wein aus Savoyen. Alsdann einen Ortolan.
MAITRESSE D'HOTEL O, einen Ortolan! Sie scherzen.
BERNHARDT Oder eine Nixe in Sauce Béarnaise!
MAITRESSE D'HOTEL Ich kann Ihnen eine Wildschweinkeule empfehlen.
BERNHARDT Eine Wildschweinkeule, o!
HELGE Eine Wildschweinkeule!
BERNHARDT Dazu trinken wir einen Gigondas. Als Käse Gorgonzola mit einem Saint Estèphe von 1949. Zum Nachtisch gefrorene Paradiesäpfel und darauf etwas Opium.
MAITRESSE D'HOTEL Sie wollen sich den Magen verderben. Außerdem führen wir kein Opium.
HELGE Dann rauchen wir zwei Habannazigarren!
BERNHARDT Ja, zwei Habannazigarren.
MAITRESSE D'HOTEL Ich wünsche Ihnen einen guten Appetit. *Sie geht.*

HELGE Ich war noch nie hier. Es ist eines der vornehmsten Restaurants von Stockholm.

BERNHARDT Heute sitze ich nicht mehr alleine bei den Kartenspielern, bei den betrunkenen Finnen und den kaugummikauenden Straßenmädchen am Nabel von Stockholm. Heute sitze ich mit dir im Gyllenen Freden. Stockholm hat mich an die Brust genommen. Jag är nöjd av hjärtans grund. Bellmanns Goldener Frieden!

HELGE Man muß ein Krösus sein, um hier ein Festessen zu halten!

BERNHARDT Mehr als 791 Drachmen wird uns dies Gelage nicht kosten.

Jakobskirche.

Ein Chor singt die ›Missa Pange Lingua‹ von Josquin des Prés. Helge und Bernhardt mit dem Rücken zum Publikum. Bernhardt tastet nach der Hand Helges. Er sinkt langsam in die Knie.

HELGE *sich neben ihn kniend* Um Gottes willen, was tust du?

Felsbrocken. Föhren. Birken. Buchen

BERNHARDT Jetzt weiß ich, warum ich in Wien mit vier Jahren katholischer Pfarrer werden wollte, warum ich mit elf Theater gespielt habe und in Paris Gangster gehütet und in der Provence Schafe. Je suis heureux.

HELGE Ich verstehe dich nicht.

BERNHARDT Jag är lycklig.

HELGE Wenn es dich glücklich macht, besucht der Nöck das Einhorn auch heute nacht.

VIII.

Menhir. Früher Morgen. Die letzten Nachtigallen

BERNHARDT *allein* Das ist also der Höhepunkt.
Ein schwerer Schenkel, der nach Haar und Samen riecht, neben mir auf kühlen Leinentüchern, in denen sich noch die Kniffe vom Wäscheschrank abzeichnen.
Halb Marmor, halb Schulsportfest.
Eine dreiundzwanzig Jahre alte Erwartung mündet in dieses Meer von Sattheit.
Sollte ich mir das Spielchen abgewöhnen?
Die Drüse will's!
Sollte ich mir die Weiche stellen?
Damen noch nachträglich Ständchen bringen?
Nein! Nein!
Ich werde die Langeweile des schwedischen Glücks genießen, sobald es zu jucken beginnt die Wohltaten eines regelmäßigen Verkehrs.
Außerdem sind diese Äußerungen nur eine Paranthese mehr zwischen den einander widersprechenden irrigen Meinungen, die ich über mich hege.
Ich werde sie vergessen oder Lügen strafen.

IX.

Hubertas Kammer.
Huberta kämmt sich ein letztes Mal die Haare über, rückt das Festtagsdirndl an sich zurecht und legt sich eine handgewebte, rosa Stola um. Sie stellt vier Stühle an einen kleinen Tisch.

HUBERTA Ich – Helge – Astrid... Nein: Ich – Astrid – Helge – Werner. *Es klopft.* Herein, immer herein!
Astrid tritt ein.
Astrid! Wie bin ich froh, daß du kommen konntest. Ich hatte Angst, er würde noch im letzten Augenblick eine Probe für dich ansetzen.
ASTRID Nein. Natascha Meierdorf ist bei ihm oben. Sie soll den Teiresias spielen.
HUBERTA Natascha?
ASTRID Ja.
HUBERTA Ach, heute abend wollen wir den Ödipus vergessen. Ich bin glücklich, daß du als erste hier bist. Ehe die andren kommen, können wir beide alleine etwas miteinander schwätzen. *Pause* Möchtest du eine Zigarette?
ASTRID Ja, danke.
Huberta raucht eine Zigarette an und reicht sie Astrid.
HUBERTA Du siehst hübsch aus in diesem Kleid. Der Stoff bringt deine Hände wundervoll zur Geltung. Was du für schöne Haare hast! Deine Haut schimmert durch das Gewebe deines Kleides. Man kann fast deine Brüste sehen. Ach, Astrid! *Sie umarmt Astrid.*
ASTRID Es ist mein liebstes Kleid. Aber weil ich es so gerne habe, ziehe ich es fast nie an. Auch du siehst hübsch aus.
HUBERTA Du bist sehr nett. Wenn man schön ist wie du, kostet es nicht viel, einer häßlichen Person wie mir ein paar Komplimente hinzulügen.
ASTRID Du bist häßlich, aber du bist eine Figur von Shakespeare. Du kennst das Leben, du hast viele Länder gesehen und schwierige Situationen bestanden. Ich gäbe alle

meine Schönheit für deine Erfahrung. Ich bin schön! Was nützt es mir denn!

HUBERTA Bist du unglücklich? Bist auch du unglücklich? Setz dich. Möchtest du ein paar Kekse knabbern? Du bist unglücklich, und wir hätten uns fast gestritten.

ASTRID Warum besorgst du dich so um mich?

HUBERTA Ich bin glücklich, wenn ich etwas für dich tun kann. Ich liebe dich, und zugleich beneide ich dich. Bald ist mein Neid oben, bald meine Zuneigung zu dir. Ich bin dick und häßlich. Wenn man so ausgefallen ist wie ich, dann werden die Freundschaften schwierig.

ASTRID Genau das hat Bernhardt von sich gesagt.

HUBERTA Was sagt Bernhardt nicht alles von sich! Er spielt im Leben genauso Theater wie im Ödipus. Sieh dir Helge an zum Beispiel...

ASTRID Du kennst ihn nicht.

HUBERTA Ich kenne ihn nicht! Seit ich auf Håknäss bin, vergeht kein Tag, keine Stunde, ohne daß ich Helge...

ASTRID Helge, Helge! Wer spricht denn von Helge? Ich spreche von Bernhardt. Du solltest ihn spielen sehen. Neulich schmerzten ihn seine Augen. Er hat den ganzen Abend mit geschlossenen Lidern geprobt. Er ist Ödipus! Er ist es! Ich werde nie diesen Kopf vergessen, mit den zusammengepreßten Augen. Wie kannst du nur sagen, daß er lügt.

HUBERTA Ich sage nicht, daß er lügt. Ich sage nur, daß er übertreibt.

ASTRID Das scheint uns nur, weil wir nicht den Mut haben, alles zu wollen, alles zu erkennen. Auch du nicht.

HUBERTA Ich weiß. *Schnell* Nimm noch einen Keks!

ASTRID Danke! Sie sind ausgezeichnet. Hast du sie selber gebacken?

HUBERTA Ja.

ASTRID Ich habe einen Durst!

HUBERTA Ich wollte euch eine echte Orangeade anbieten. Statt dessen habe ich nur diese scheußliche Limonade bekommen können.

ASTRID Schenk mir nur etwas ein. *Sie trinkt.* Es schmeckt fürchterlich. Auch Bernhardt findet sie entsetzlich. Jemand hat einen Stein ans Fenster geworfen.
HUBERTA *am Fenster* Ja, komm nur herauf!
ASTRID Wer ist es?
HUBERTA Geduld, Geduld, du wirst schon sehen.
Helge tritt ein.
Was sagst du nun? Lauter so große Leute in meiner Stube.
HELGE Habt ihr schon lange auf mich gewartet?
ASTRID Nein.
HUBERTA Wo bringen wir denn diesen Koloß unter?
HELGE Ich kann mich dahinten ins Eckchen setzen.
Im Vorwärtsgehen stolpert er und stürzt auf Astrid. Er rafft sich beschämt wieder auf. Alle drei sehen sich verlegen an. Helge setzt sich neben Astrid.
ASTRID Huberta, darf ich noch um etwas Limonade bitten?
HUBERTA Nimm dir doch! Es ist ja für euch!
Helge gießt Astrid Limonade ein.
ASTRID *kichernd* Gieß mir nur nichts über die Hände.
HELGE *hat sich ebenfalls eingeschenkt und schwingt den Becher*
»När jag har en plot att dricka
Nota bene, gott rhensk vin...«
ASTRID Bellmann!
HUBERTA Nur daß es kein Rheinwein ist, sondern Håknässlimonade.
HELGE Ich mag sie ganz gerne. »...är jag nöjd av hjärtans grund!«
ASTRID Huberta, es hat jemand einen Stein ans Fenster geworfen.
HUBERTA Das wird Werner sein. *Sie sieht aus dem Fenster.* Komm rauf. Wir haben noch nicht angefangen.
WERNER *tritt ein* Guten Abend! Ist Bernhardt nicht hier? Huberta, es ist ein Jammer, daß du nicht mitspielst. Der Ödipus läßt mir keine Ruhe mehr. Du solltest sehen, wie er die Worte aus uns herausholt!

HUBERTA Er stürzt euch alle in sein Chaos.
HELGE Chaos, das ist er! Das ist wahr.
ASTRID Er hat wenigstens das Zeug zum Chaos.
HELGE Da hast du nun auch wieder recht.
HUBERTA Er ist schon aufdringlich genug, wenn er anwesend ist. Wir wollen uns wenigstens in seiner Abwesenheit von ihm befreien.
Astrid will etwas erwidern. Sie schweigt.
Bedient euch und laßt uns beginnen. Astrid, ich werde dir eine kurze Einführung in die Geistesanschauung Doktor Rudolf Steiners geben. In unsrer heutigen Welt ist ein gesundes Leben des Geistes und der Seele gar nicht mehr möglich ohne die Anthroposophie. Wie bin ich selig, daß ich es sein darf, die dich in das richtige Geistesleben einführt. Um unsre heutige Vorlesung zu verstehen ...
HELGE Ihr wollt heute abend etwas vorlesen?
HUBERTA Ja, was dachtest du denn?
HELGE Davon hast du mir bei deiner Einladung nichts gesagt. Ich dachte, wir wollten gemütlich beisammensein.
WERNER Was ihr Schweden schon unter »gemütlich beisammensein« versteht. Still jetzt und unterbrich sie nicht mehr.
HUBERTA Jeder Mensch hat sich sein Leben selbst ausgesucht.
ASTRID Du dir auch das deine?
HUBERTA *sehr leise* Ja, ich wohl auch.
WERNER Sieh mal, Astrid: Nach dem Tode kehrt der Mensch in die überirdische Welt zurück. Dort übersieht er, um es kurz auszudrücken ...
HELGE *leiert* ... dort gewinnt er eine Einsicht in die Fehler seiner vergangenen Inkarnation und erwählt sich für seinen nächsten Erdenaufenthalt ein Geschick, welches seine frühere Schuld sühnt.
HUBERTA Ihr redet alle auf sie ein; wie soll sie da etwas verstehen. Du mußt wissen, daß der Mensch dreierlei Gestalt besitzt, drei Leiber.

ASTRID Woher wißt ihr denn das?
WERNER Doktor Steiner hat es gesagt.
ASTRID Und woher wußte der es?
HUBERTA Er hat es geschaut.
ASTRID Und woher wißt ihr, daß er sich nicht verguckt hat?
HUBERTA Weil er uns die Möglichkeit gegeben hat, es nachzuprüfen.
ASTRID Und wie?
WERNER Indem wir den Gesetzen des Guten, der Wahrheit und des Schönen folgen.
HUBERTA Du gehst zu schnell voran. Erst müssen wir unsre eigene Kritiksucht vergessen, wir müssen überhaupt alle Eigensucht vergessen und hinhorchen, was uns die Seher sagen und beobachten, und beobachten, was uns unser eigenes Geschick lehrt; und nicht wie Bernhardt alles besser wissen wollen und nur den Gesetzen der Zerrüttung folgen.
ASTRID Du hast also deine Kritiksucht vergessen?
HUBERTA Mehr oder weniger.
ASTRID Und deine Eigensucht.
HUBERTA Ich bin auf dem Wege.
HELGE Bevor ich mich auf einen solchen Weg begebe, möchte ich gerne noch ein Glas Limonade.
HUBERTA Wenn du lästerst, bekommst du gar nichts mehr.
WERNER Die Kekse schmecken wirklich sehr gut.
PELLE *öffnet die Tür* O, Verzeihung, entschuldigen Sie! Ich will gar nichts. Ich habe gar nichts gemacht. Ich bitte Sie um Entschuldigung. *Ab*
HUBERTA Pelle ist wieder völlig verwirrt.
ASTRID Wie erklärt der Doktor Rudolf Steiner denn Pelles Krankheit?
HUBERTA Das hängt...
ASTRID Still! Es hat jemand einen Stein ans Fenster geworfen.
HUBERTA Was du nicht hörst.
ASTRID Doch! Da, wieder! *Sie eilt ans Fenster.* Bernhardt! – Ja, wir sind alle hier. Komm rauf. *Sie wendet sich an*

Helge. Ich habe es geahnt, daß er nach der Probe noch herüberkommen würde. Jetzt habe ich mein schönes Kleid doch nicht vergebens angezogen.

BERNHARDT *tritt auf* Verzeiht, daß ich die hehre Runde störe.

HUBERTA Ich habe gar keinen Stuhl mehr.

BERNHARDT Ich bitte um einen Keks, einen Becher dieser grauenvollen Limonade und einen Platz für eine halbe Hinterbacke.

ASTRID Bei mir ist Platz.

BERNHARDT Es geht schon. *Er zwängt sich in die Ecke zu Helge, der widerwillig Platz macht.*

HUBERTA Ich wollte dir erklären...

BERNHARDT Darf man Einwürfe machen oder haltet ihr eine Andacht ab.

ASTRID Ich hatte gefragt, wie ihr Pelles Zustand erklärt.

HUBERTA Steiner hat sich kaum geäußert...

ASTRID Aber wie erklärst du dir es denn?

HUBERTA Das kann ich dir nicht ohne weiteres erklären. Da muß ich weit ausholen: Du bist in deiner augenblicklichen Inkarnation ein Mädchen...

ASTRID Soviel ich weiß.

HUBERTA In deiner vorhergehenden Inkarnation warst du ein Mann.

ASTRID Ich erinnere mich. Ich hieß Willy und war Herzog von Worcester.

HUBERTA Pelle war ehemals also ein Mädchen.

ASTRID Louise Labé!

WERNER Und in seiner weiblichen Inkarnation haben wahrscheinlich große Störungen des – – Geschlechtslebens stattgefunden.

HUBERTA Ja, ja. – Deshalb ist er gezwungen, in seiner jetzigen Inkarnation hinter den männlichen Wesen herzurennen.

BERNHARDT Wenn ich recht verstehe, ist der Pelle schwul, weil er als Pellina lesbisch war, weil sie als Pellinano schwul war und so fort bis zu den Pyramiden und der chi-

nesischen Mauer. Adam, um es kurz zu machen, war seine eigene Großmutter.
Alle lachen, selbst Huberta, wenn auch widerwillig.
ASTRID Und was sagt Urvater Freud dazu?
BERNHARDT Freud geht von einer Dreiteilung der menschlichen Seele aus.
HELGE Noch eine Dreiteilung; und das soll was Neues sein.
HUBERTA *hämisch* Was ist denn das für eine Dreiteilung. Ich möchte das wirklich einmal wissen.
BERNHARDT Das Ich, das Überich und das Unterbewußte. Das Ich ist nicht weiter schwer einzusehen. Das Überich wird durch die Gesellschaft verkörpert; das Unterbewußte... Mit anderen Worten: Huberta Seuse, Bernhardt Silberfänger, Pelle als Ich. Unsere Eltern, Rudolf Steiner, Sigmund Freud, Frau Schimming, Balthasar Hapf als Überich. Unser aller Schlafzimmer, das Klosett, der Sargdeckel als Unterbewußtes.
HUBERTA Ich verstehe überhaupt nichts mehr.
WERNER Suche mal ein Beispiel!
BERNHARDT Hubertas Unterbewußtes möchte vielleicht gerne mit Helge und Astrid ich weiß nicht was für Sachen machen.
HUBERTA Du bist schamlos!
ASTRID Du gehst zu weit.
HELGE Du bist verrückt.
WERNER Du gehst wirklich zu weit.
BERNHARDT Es ist nur ein Beispiel. Auch spreche ich nicht von Huberta, sondern von Hubertas Unterbewußtsein, von Hubertas Ahrimanischem, von Hubertas AchinihrerBrustzweiter Seele. Sie lädt also Helge und Astrid zu sich ein...
HUBERTA Halt!
BERNHARDT Halt, sagt das Überich. Huberta, du vergißt das Wahre, das Gute und das Schöne. Huberta lädt also Helge und Astrid zu einem Leseabend ein, bei dem auch Werner anwesend sein wird. Mich vergißt sie dabei.
HUBERTA Ich finde dich abgeschmackt.

ASTRID Laß doch die arme Huberta in Ruhe!
WERNER Kannst du kein andres Beispiel finden?
BERNHARDT Astrid...
ASTRID Nein! Ich bitte dich, nicht mich!
BERNHARDT Oder Helge.
HELGE Deine Sprüche scheinen über jeden Zweifel erhaben zu sein.
BERNHARDT Wir werden sehen. Dein Unterbewußtes wollte vielleicht schon lange einmal mit Astrid alleine sein. Als Huberta dich einlud, hofftest du, Astrid vorher oder hinterher alleine zu erwischen, und sagtest der Erbauungsstunde zu.
HELGE Das ist nicht wahr.
BERNHARDT Warum regst du dich auf? Es ist doch nur ein spaßiges Beispiel.
ASTRID Damit haben wir noch keine Erklärung für Pelles Verhalten.
BERNHARDT Freud nimmt an, daß unser seelisches Verhalten zwischen unseren tierischen Begierden und den gesellschaftlichen Normen pendelt. Er nimmt weiter an, daß jeder Junge seine Mutter begehrt. Die Einflüsse der Gesellschaft lassen ihn diese Begierde verleugnen, und er heiratet später Emma oder Annemarie. Bei Pelle wären diese Einflüsse der Gesellschaft gestört worden. Er könnte seine Mutter nicht vergessen, wagte nicht an eine andre Frau heranzutreten und liefe deshalb den kleinen Jungen nach.
ASTRID Das erscheint mir plausibler als Pelle und Pellina, Adam und seine Großmutter.
HUBERTA Mir nicht!
BERNHARDT Mir auch nicht. Pelle liebte seine Mutter und haßte seinen Vater. Als Ödipus tötete er ihn, als Hamlet würfe er seiner Mutter den Mord am Vater vor, von dem er selbst geträumt hätte. Warum wählt Pelle aber gerade aus verdrängter Liebe zur Mutter das Abbild des gehaßten Vaters zum Gegenstand seiner Begierde?
HELGE Freud kann Pelle also nicht erklären.

HUBERTA Ich habe es gleich gesagt.
WERNER Gibt es nicht noch eine andre Theorie?
HUBERTA Es gibt die Erklärung von Doktor Rudolf Steiner.
ASTRID Die hat doch weder Hand noch Fuß.
HUBERTA Du machst mich betrübt, Astrid, wenn du das sagst.
HELGE Sie hat wirklich weder Hand noch Fuß.
HUBERTA Auch du stellst dich gegen mich?
BERNHARDT Es gibt eine andre Erklärung. Als ich dreizehn oder vierzehn Jahre alt war, lernte ich einen Mann kennen, der stellte seine eigenen Versuche über das Problem an. Er ließ kleine Jungen, die eben im Begriff standen, ihre Stimme zu wechseln, in große Flaschen pinkeln und las aus kristallisiertem Pipi das sexuelle Geschick des Pennälers: Ein bißchen mehr von dem einen Kristall ließe ihn den Mädchen an den Busen fassen, ein bißchen mehr von dem andren, den Jungen an den Popo.
HUBERTA Wie endet dieser schöne Abend jetzt: Bei Pelle, bei Pipi und Popo!
BERNHARDT Aber, Huberta, du brauchst das alles doch nicht zu glauben. Wer sagt dir denn, daß diese Opapas recht haben? Verrücktheit ist schließlich, wenn man sich nicht mehr von bestimmten Gedankengängen befreien kann. Man kann an Freud und Steiner ebenso verrückt werden, wie Pelle an seinen Jungen. Lach ihnen doch allen ins Gesicht und werde auf deine Weise glücklich.
ASTRID Und Hölderlin und Ödipus? Die Erkenntnis, die Tragödie, die Hochzeit mit Gott im Untergang?
BERNHARDT Warum soll ich in Gottes Erkenntnis untergehen? Das Glück ist das beste Mittel der Erkenntnis. Gott ist der menschliche Körper.
HUBERTA und WERNER Um Gottes willen.
BERNHARDT Wenn ich glücklich bin, bin ich selbst Gott! Prost, Helge!
HELGE Mein Becher ist leer.
Doch Bernhardt, ohne auf Helges Einwand zu hören, hat seinen Becher schon geleert.

WERNER Ich muß jetzt gehen, meine Frau wartet auf mich. Recht schönen Dank für die Einladung, Huberta.
HUBERTA Nichts zu danken.
WERNER Gute Nacht.
ALLE Gute Nacht.
Werner ab
ASTRID Ich will auch aufbrechen. Bernhardt, wir müssen noch Griechisch machen.
BERNHARDT Gibst du mir heute frei? Die Natascha Meierdorf hat alle meine Kräfte verbraucht.
HELGE *zu Astrid* Darf ich dich begleiten?
ASTRID Nicht nötig. Ich wohne hier auf der Etage. Gute Nacht.
ALLE Gute Nacht.
Astrid ab
HELGE Schönen Dank für die Einladung, Huberta.
HUBERTA Schon gut.
BERNHARDT Warte, Helge, wir können noch ein paar Schritte zusammen gehen. – Huberta, bist du mir böse, daß ich Popo gesagt habe?
HUBERTA Quatsch! Ich habe Galgenhumor, wie du.
BERNHARDT Sei nicht traurig, Huberta.
HUBERTA Schon gut.
Bernhardt mit Helge ab.
Huberta steht einige Sekunden bewegungslos, dann beginnt sie ihre Stube aufzuräumen.

X.

Schlafzimmer der Familie Schimming

FRAU SCHIMMING *im Bett aufgerichtet* Es ist drei Uhr morgens.
Ich liege wach, regungslos, eingekeilt zwischen meinem Mann und meinen Kindern, den Geschwistern Helges.
Ich sollte zu ihm eilen, ihn schützen!
Es ist wider die Natur!
Es ist Bernhardts Natur.
Es ist ekelhaft!
Für Bernhardt ist es nicht ekelhaft.
Soll ich den Ausschlag geben mit dem ganzen Gewicht meiner Mutterschaft?
Soll ich ihnen lästig werden?
Helge ist alt genug. Er muß sich selbst entscheiden.
Wenn er sich nicht entscheiden kann?
Wenn er sich Bernhardts nicht erwehren kann?
Wenn er Bernhardts Augen nichts zu verweigern wagt?
Wenn er sich scheut, Bernhardts Mund zu verwunden?
Wenn er Bernhardts Händen nicht zu widerstehen vermag?
Mich, eine alte Frau, eine Frau begehrte Bernhardt nicht.
Wenn Helge zu einem dieser parfümierten Zwitter wird?!
Mein Sohn? Nein!
Helge ist aus meinem Leib.
Ich bin ihre Mitwisserin, sie wissen es nicht.
Ich werde mich nicht zwischen sie werfen.
Es wird sein, als fiele etwas von der Wärme ihrer Gemeinsamkeit auch auf mich.

XI.

Bernhardts Studierzimmer.
Helge und Bernhardt

HELGE »Il portait des rides profondes sur son visage.«
BERNHARDT In nornait nes nides nonodes... Noch einmal. Sauber.
HELGE »Il portait des rides profondes sur son visage.« Es kommt doch nicht so genau drauf an.
BERNHARDT Willst du Französisch lernen, oder willst du immer so weiter nuscheln?
HELGE Also gut. Ich will Französisch lernen.
BERNHARDT Im Französischen ist jeder Laut klar geschieden. »Il portait des rides profondes sur son visage.«
HELGE »Il portait des rides profondes sur son visage.«
BERNHARDT Gut. Übersetz.
HELGE »Er trug« – rides?
BERNHARDT Der Vorhang heißt?
HELGE Le rideau.
BERNHARDT Ein Vorhang wirft rides – Falten.
HELGE Er trug tiefe Falten in seinem Gesicht. Ich wollte heute abend eigentlich gar nicht lange bleiben.
BERNHARDT Bleib doch noch ein bißchen. Ich habe Wein besorgt und schöne geschliffene Gläser und Kerzen und Leuchter.
HELGE Ich habe Angst, daß die andren etwas merken.
BERNHARDT Von mir aus können sie es gerne wissen.
HELGE Ich will nicht, daß Mutti etwas davon erfährt.
BERNHARDT Liebst du deine Mutter sehr?
HELGE Natürlich liebe ich sie sehr. Aber deshalb brauchst du nicht gleich zu schließen, daß ich schwul sein müßte.
BERNHARDT Schämst du dich? Bedauerst du etwas?
HELGE Nein. Warum hast du überhaupt diesen Freud in unsere Freundschaft gebracht. Glaubst du wirklich, daß man schwul wird, wenn man seine Mutter sehr lieb hat?

BERNHARDT Nein!
HELGE Und wenn man oft mit Männern zusammen ist, wird man dann schwul?
BERNHARDT Man wird das, was man sein will.
HELGE Wenn du wolltest, würdest du mit Mädchen gehen?
BERNHARDT Ja.
HELGE Warum hast du es nie gewollt?
BERNHARDT Als ich dreizehn Jahre alt war, habe ich es gewollt.
HELGE Und warum später nicht mehr?
BERNHARDT Ich lernte den Mann kennen, der die Jungen in Flaschen pinkeln ließ. Er hat mir von Hadrian und Antinous erzählt. Das wollte ich auch.
HELGE Weil er es wollte?
BERNHARDT Nein, weil ich es wollte.
HELGE Und warum spielst du jetzt nicht einmal Catull und Lesbia?
BERNHARDT Weil ich Juventius begegnet bin.
HELGE Vielleicht sollten wir enthaltsamer sein.
BERNHARDT Warum? Du träumst von Astrid?
HELGE Nein.
BERNHARDT Hast du diese ganze Woche lang, die ich dich nicht gesehen habe, nicht von Astrid geträumt?
HELGE Nein.
BERNHARDT Hast du von Astrid geträumt?
HELGE Nein! Hast du von einem andren Jungen geträumt?
BERNHARDT Ich habe jeden Abend das Bett in frisches Leinen gehüllt. Ich hoffte, du würdest überraschend kommen.
HELGE Mach dir keine Gedanken. Ich bleib bei dir. Wir werden glücklich sein. *Er läßt sich von Bernhardt umarmen.*
BERNHARDT O, deine Achselhöhle!

XII.

Felsige Wiesen am Meer.
Pelle und Hasse treten auf.

HUBERTA *hinter der Szene* Wir wollen hier rasten.
Lennart, Stig, Huberta und Bernhardt kommen.
Pelle und Hasse, bleibt bei den andren.
PELLE Wieso denn, verzeihen Sie? Ich will gar nichts mit Hasse machen. Entschuldigung! Verzeihung! Wir wollen nur Blumen pflücken, entschuldigen Sie!
BERNHARDT Hasse, komm! Hier kannst du blühendes Moos finden.
HASSE Ich komme schon.
Er bleibt, wo er ist. Während des folgenden Bildes hüpft Stig, die Hände ringend, auf und ab.
HUBERTA Es ist komisch, aber ich bin froh, daß du mich auf diesem Spaziergang begleitest, Bernhardt.
BERNHARDT *sieht aufs Meer hinaus* Die Pollen der Föhren schwimmen in breiten Bändern auf dem Meer.
HUBERTA Bald ist Mittsommer.
BERNHARDT Bald gehen wir die Nächte hindurch tanzen.
HUBERTA Ja, einen Monat nur Licht und Müdigkeit. *Pause* Bernhardt, ich muß mit dir sprechen. Du weißt, ich finde dich widerlich und gefährlich; aber du bist der einzige, mit dem ich ein Gespräch führen kann.
BERNHARDT Nachdem du den Schwanz des Teufels genügend mit Weihwasser besprizt hast, willst du ihn zum Ausfegen benützen.
HUBERTA Mir geht Freud nicht mehr aus dem Kopf? Ist es wahr, daß alles, daß alles Lüge ist, was ich tue?
BERNHARDT Wenn ich deine Frage bejahe, lüge ich. Was sagt denn Papa Steiner dazu?
HUBERTA Das Wissen um die tieferen Dinge wird von den höheren Welten gewährt – oder nicht gewährt.
BERNHARDT Gnade also? Damit kann ich nichts anfangen. Ich ziehe die Psychopathologie des Alltagslebens vor.

HUBERTA Ich war sehr gläubig. Ich nahm jede Erscheinung als Ausdruck höherer Wesenheiten. Aber ich habe vergeblich gewartet. Ich habe nie eine höhere Wesenheit vorübergehen hören. Seit du mir von Freud gesprochen hast, fange ich an, die höheren Wesenheiten zu zergliedern, und es bleibt wenig nach. Gelegentlich ein großes Ohr oder ein großer Daumen.

LENNART Liebes Fräulein Huberta, darf ich Ihnen diesen Blumenstrauß als Zeichen meiner aufrichtigsten, liebenswürdigsten, bewunderungshaften... Lennart, du hast gar keinen Blumenstrauß. Lennart, sei still und geh! *Er geht.*

HUBERTA Als du uns neulich abend alle analysiert hast, dachte ich plötzlich, du könntest recht haben. Bernhardt, solange ich mich erinnern kann, hasse ich meinen Vater. Aber ich komme nicht von ihm los. Meine Fluchten und seine Gewaltmaßnahmen erscheinen mir fast wie eine Art verkehrter Koketterie. Gibt es bei Freud keinen Fingerzeig, keine Lösung?

BERNHARDT Ich habe Freuds Gesammelte Werke bis zum elften Band durchgelesen. Er läßt sich nie über das Verhältnis von Mädchen zu ihren Vätern aus.

HUBERTA Jetzt ist Pelle doch mit Hasse in den Büschen verschwunden!

BERNHARDT Laß ihn doch.

HUBERTA Ich verabscheue dich – und doch komme ich nicht von dir los.

LENNART *kommt mit einigen Holzstücken* Fräulein Huberta, darf ich Sie bitten, diesen Blumenstrauß... *Er wirft die Holzstücke in die Luft und läuft davon.*

BERNHARDT Ich überlege manchmal, ob die ganze Psychoanalyse nicht auch ein großer Humbug ist. Vergreifen, Versprechen, Selbstbestrafung und Träumedeuten. Hast du Lust, einen Versuch mit mir anzustellen?

HUBERTA Ja! Ja! Ich will.

BERNHARDT Freud behauptet: Die Erinnerungen sind von Leib und Zeit unabhängig, sie sind ewig und unwandelbar. Wenn ich etwas vergesse, seien es die einander widerstrebenden Kräfte der Seele, die es vor meinem Bewußtsein verschleierten. Seit einigen Tagen kann ich mich nicht an einen Namen erinnern. Nach Freuds Auffassung müßte diese Buchstabengruppe auf eine Realität anspielen, die ein Teil meiner Seele nicht in mein Bewußtsein dringen lassen will.

HUBERTA Ich zittere am ganzen Körper.

BERNHARDT Hokuspokusfidibus! Anthroposophus, Nostradamus, Sigmundum Gaudium! Wir verschreiben uns der schwarzen Neurologie! Hast du ein Lexikon der Mythologie und Aspirintabletten zur Stelle?

HUBERTA Laß doch den Blödsinn!

BERNHARDT Beruhige dich, wir werden nichts finden, denn entweder ist gar nichts da oder wir verstehen die Geister nicht. Sie brauchen übrigens nicht deutsch zu sprechen.

HUBERTA Fang schon an!

BERNHARDT Ich kann mich seit einigen Tagen nicht mehr an den Namen der trojanischen Seherin erinnern, die sich ihren eigenen Untergang voraussagte.

HUBERTA Wie heißt sie nur!

BERNHARDT Es liegt mir auf der Zunge. Ich erinnere mich an Andromache, an Anthrazit.

HUBERTA Still, ich habe es gleich...

BERNHARDT Androklus fällt mir noch ein.

HUBERTA Jetzt ist es wieder weg! In allen diesen Namen kommt ›andr‹ vor. Ich hab's! Cassandra heißt sie. Die Silbe ›Cass‹ fehlte dir.

BERNHARDT Casse? Das ist lächerlich.

HUBERTA Ja, das ist lächerlich. ›Cass‹ hat weder auf Deutsch, noch auf Schwedisch, noch auf Englisch eine Bedeutung.

BERNHARDT Ich habe gelegentlich die Angewohnheit auf Französisch zu denken und zu träumen.

HUBERTA Cass hat eine Bedeutung im Französischen?

BERNHARDT Ja, la casse heißt der Bruch. Casser heißt zerbrechen. Casse – zerbrich!

HUBERTA Die Geister haben gesprochen! Das Orakel hat geweissagt.

BERNHARDT Pelle und Hasse sind übrigens zurückgekommen.
HASSE Ich hoffe, daß ich nicht in Ihrer Achtung gesunken bin, Herr Silberfänger, weil ich mich entfernt habe. Ich weiß, ich habe wieder die ganze Woche im Stall gefehlt, und anstatt meine Kräfte zu sammeln, um eines Tages mit Ihnen ganz alleine den Stall in Ordnung halten zu können, geh ich hinter einen Busch, unnütze Dinge zu tun, die ohne bleibenden Wert sind. Ich bin lasch, ich weiß. Ich bin schwach. Diese Schwäche ist meine Krankheit. Verachten Sie mich bitte nicht.
BERNHARDT Nein, Hasse, ich verachte dich nicht.
PELLE Verzeihen Sie: Mich entschuldigen Sie nicht? Verzeihung! Will man mir denn ewig alles nachtragen?
BERNHARDT Ich trage dir nichts nach.
PELLE Entschuldigen Sie! *Er geht zu den anderen.*
HUBERTA Was treibt Pelle? Was macht einen Menschen so? Er geht in die Büsche, als erwarte ihn dort das Schönste, das Unausweichlichste, das Liebste, und hinterher entschuldigt er sich, als hätte er ein Verbrechen begangen. Was tun zwei Jungen eigentlich zusammen?
BERNHARDT Sie stellen sich nebeneinander und kreuzen ihre Arme, sie legen sich zu einer zweistelligen Ziffer, oder sie spielen die Etude rückwärts.
HUBERTA Mich ekelt nicht einmal mehr, wenn du dergleichen aussprichst. Nun 'ran mit Papa Freud. Warum soll Pelle seine Mutter nicht begehrt haben? Sie ist die erste Frau, mit der er täglich umging. Er spürte die Wärme ihres Leibes, und er sah sie vielleicht einmal nackt oder kaum bekleidet. Plötzlich erkennt sie, daß sie ihren Vater... Ich meine, daß sie ihre Mutter haßt... Herrgott noch einmal! Ich meine: Er entdeckt, daß er seinen Vater haßt und daß er seine Mutter mit den allerschmutzigsten Gedanken in Verbindung bringt. Er weigert sich ein für alle Mal, dieses Schmutzige mit seiner Mutter, mit welcher Frau immer zu tun.
BERNHARDT Du hast fabelhaft aufgepaßt. Studierst du

Freud oder ich? Aber erkläre mir bitte, warum Pelle bereit ist, dieses Schmutzigste mit dem Ebenbild seines Vaters zu begehen?

HUBERTA Mit irgend jemandem muß er es doch tun.

BERNHARDT Warum nicht mit einer Frau?

HUBERTA Eine Frau würde ihn an seine Mutter erinnern.

BERNHARDT Warum erinnert er sich? Warum erinnern sich nicht alle andern Jungen auch?

HUBERTA Bei ihm ist eben eine Störung eingetreten.

BERNHARDT Eine Störung? Was für eine Störung? Warum treibt diese Störung ihn zum Mann?

HUBERTA Ich weiß es doch auch nicht.

BERNHARDT Reg dich nicht auf.

HUBERTA Du schreist mich an! Auf jeden Fall hat Pelle seinen Vater nicht von vorneherein begehrt. Das Ebenbild des Vaters ist für ihn nicht mit dem Gedanken des Inzests verbunden.

BERNHARDT Die Leute rufen ihm nicht nach: Du hast mit deiner Mutter geschlafen; sondern: Du bist schwul! Du bist eine Tante, eine Toehle, eine Tüte und was die Fantasie sonst noch findet. Das ist genauso schlimm. Wenn – wie du sagst – der Junge, der sich von dem Körper der Mutter nicht befreien kann, mit dem Ebenbild des Vaters schläft, weil er von vornherein nicht den Vater begehrte, dann müßte logischerweise jeder Junge, der mit Frauen schläft, seinen Vater begehrt haben, damit er sich am Ebenbild der Mutter von der Belastung des umgekehrten Inzests befreien kann. Freud hat Unrecht.

HUBERTA Ich habe nichts verstanden. Was treibt also Pelle?

BERNHARDT Die Störung! Wir sind im Kreise gegangen!

HUBERTA Wir müssen weiter. Lennart, Pelle, Hasse, Stig, kommt, wir wollen weitergehen!

LENNART Lennart, komm jetzt! Ich komme schon!

STIG Ja, ja!

HASSE Herr Silberfänger, ich möchte neben Ihnen gehen.

PELLE Entschuldigen Sie, Herr Silberfänger, verzeihen Sie mir jetzt endlich?
Alle machen sich auf den Weg.
HUBERTA Das Orakel ist zweideutig, wie alle Orakel.
BERNHARDT Welches Orakel?
HUBERTA Das Orakel ›Cass‹. Heißt es: Der Bruch liegt schon vor; oder heißt es: Du sollst erst etwas zerbrechen!?
BERNHARDT Noch dazu wird das Verbum zerbrechen intransitiv wie transitiv gebraucht. Es kann also auch bedeuten, daß ich selbst zerbrechen soll.
HUBERTA Die Götter und die Psychoanalytiker nehmen es mit der Grammatik nicht sehr genau.

XIII.

Eine Tenne. Schwere Balken. Strohballen. Ein Grammophon. ›Petit Fleur‹ von Chris Barber. Lachen und Gekicher hinter der Szene.
Helge steht neben dem Grammophon. Zwei Paare – eng ineinander versunken – tanzen auf der Tenne. Eines der Paare geht ab ins Stroh. Astrid, im Mantel, tritt ein.

HELGE *geht auf sie zu* Astrid, da bist du.
ASTRID Wo ist Bernhardt?
HELGE Beruhige dich. Bernhardt wird nicht kommen. Er weiß nichts von diesem Fest.
ASTRID Aber Huberta hat mir versichert, daß er hier sein würde.
Sie will gehen. Helge hält sie zurück. Er zieht ihr den Mantel aus und beginnt mit ihr zu tanzen.
HELGE Huberta hat mir gesagt, daß du kommen würdest.
Astrid läßt ihn stehen und will ihren Mantel anziehen. Sie findet den Ärmel nicht.

Bleib doch noch ein bißchen. Ich habe Wein besorgt. Wir gehen in mein Zimmer und machen es uns gemütlich.
Astrid schüttelt den Kopf. Helge wartet, dann zuckt er die Achseln und geht zur Tanzfläche. Ein Paar kommt aus dem Stroh. Helge fordert das Mädchen auf. Der junge Mann geht zu Astrid und bittet sie zum Tanz. Sie nimmt ihren Mantel, den anzuziehen ihr noch nicht gelungen ist, und geht ab.

XIV.

Feld mit Heuhäschern. Sonne.
Helge tritt auf, Fußball spielend. Er nimmt den Ball, setzt sich und beginnt ihn aufzuschnüren. Bernhardt kommt. Er schleicht von hinten an Helge heran und hält ihm die Augen zu. Pause

HELGE Astrid?
Bernhardt hält noch einen Augenblick die Hände vor Helges Gesicht, dann läßt er sie sinken. Helge wendet sich brüsk um.
Wo kommst du her?
BERNHARDT Ich bin dabei, mit den Jungen Heu zu häschern. Ich sah dich von weitem Fußball spielen. Ich bin schnell herübergelaufen. Ich habe nicht viel Zeit.
HELGE Wir sind auch noch am Häschern. Wir wollen heute abend fertig werden. Die andren essen jetzt. Ich bin früher aufgestanden. Ich trainiere ein bißchen. Spielst du nicht Fußball?
BERNHARDT Nein. Spielst du gerne Fußball?
HELGE Ziemlich. – Der Ball läßt Luft. Ich weiß nicht, woran es liegt. Ich war gerade dabei, es zu untersuchen, als du kamst. *Pause*
BERNHARDT Helge, du bemogelst mich.

HELGE Nein, ich bemogele dich nicht.
BERNHARDT Ich kann nicht lange hierbleiben. Kommst du heute abend?
HELGE Schon wieder?
BERNHARDT Du magst es nicht mehr?
HELGE Nicht so oft.
BERNHARDT Warum?
HELGE Ich habe Angst, daß ich mich daran gewöhne und gar nicht mehr mit einem Mädchen gehen kann.
BERNHARDT Wie du willst.
HELGE Glaubst du, daß ich schwul bin?
BERNHARDT Du, Helge, zu Anfang, als wir Nöck und Einhorn spielten, war ich – ich meine – es hat mir sehr viel Spaß gebracht. Ich habe geglaubt – es war beschränkt von mir – daß du auch – daß es dir auch sehr viel Spaß gebracht hat. Ich fürchte, unsere Freundschaft fängt an, aus dem üblichen schwedischen Rahmen zu fallen. Aber noch tut es nicht weiter weh. Profitieren wir von der schwedischen Lebenshaltung, sagen wir Hej und gehen auseinander. Ich meine, wenn ich dich nicht ganz, ganz... ich meine, wenn es dir keinen Spaß mehr bringt.
HELGE Was meinst du?
BERNHARDT Ich will nicht bemogelt werden.
HELGE Ich muß mich also entscheiden?
BERNHARDT Ja! Ja! Verzeih mir, aber entscheide dich!
HELGE Entweder gar nicht mehr Nöck und Einhorn mit dir spielen oder mit Haut und Haaren?
BERNHARDT Ja!
HELGE Dann lieber mit Haut und Haaren.

XV.

Ein Saal des Heims.
Bernhardt, Huberta, Helge, Astrid, Werner, Natascha Meierdorf, Lennart, Hasse, Stig, Pelle. Ödipusprobe

ALLE *außer den Jungen* »Bei Göttern nicht! sei's mit Bedacht auch! kehre
Nicht um! denn alle knien flehend wir vor dir.«
NATASCHA *sprachgestalterisch-eurhythmisch* »Denn alle seid ihr sinnlos. Aber daß ich nicht
Das meine sage! nicht dein Übel künde!«
BERNHARDT Ausgezeichnet, Fräulein Meierdorf! Nur rudern Sie bitte nicht mit den Armen in der Luft herum. Noch einmal!
NATASCHA *versucht, ihre Arme zurückzuhalten. Es gelingt ihr nicht.* »Denn alle seid ihr sinnlos. Aber daß ich nicht
Das meine sage! nicht dein Übel künde!«
BERNHARDT Ziehen Sie die Worte nicht in die Länge! Keifen Sie den Satz.
NATASCHA *gedehnt* »Denn alle seid ihr sinnlos...«
BERNHARDT *keifend* »Denn alle seid ihr sinnlos...«
NATASCHA *gedehnt* »Denn alle seid ihr sinnlos...«
Keifend Sie können mir keine Anweisungen geben. Sie wissen nicht, um was es hier geht! Sie verstehen von Einweihungsvorgängen nichts! Sie ahnen nichts von den tiefen Mysterien, den tiefen Mysterien! Der Ödipus ist eine Einweihungshandlung. Ich kann bei Ihnen nicht mitwirken! Verübeln Sie es mir bitte nicht.
BERNHARDT *erleichtert* Ich verüble es Ihnen gar nicht.
NATASCHA Gute Nacht. Kommt, Jungens, ins Bett! Schnell, schnell!
Die Jungen gehen mit ihr ab.
BERNHARDT Spiel du den Teiresias, Werner.
WERNER Ich spiele den Boten, den Kreon und den Teiresias!

ASTRID Laß Huberta die Rolle.
HUBERTA Ich? Nie! Ich will nicht im Licht stehen und von allen Leuten angesehen werden.
ASTRID Du wolltest doch erst die Jokaste spielen.
HUBERTA Ich will nicht!
BERNHARDT Werner, wenn du nicht den Teiresias übernimmst, können wir die Aufführung an den Nagel hängen.
WERNER Ich muß mich in dem Stück so oft umziehen.
ASTRID Bernhardt, wir werden den Ödipus aufführen, und wenn ich ihn mit dir alleine spielen sollte!
HELGE Der Meinung bin ich auch.
HUBERTA Ja, haltet durch! Die Natascha rast, daß ihr nicht nach der Einweihungspfeife tanzen wolltet. Sie wird sicher bei Ludmila und Balthasar Hapf alles unternehmen, daß der Ödipus nicht auf die Beine kommt.
BERNHARDT Sieh dir bis morgen den Teiresias an, Werner.
WERNER Meine Frau schimpft, daß ich nichts andres mehr im Kopf habe als den Ödipus. Aber geht in Ordnung, Bernhardt, selbstverständlich!
Pelle tritt unbemerkt ein.
BERNHARDT Den Chor jetzt!
Auch Pelle lallt den Text und vollführt dazu gewaltige Gesten.
ALLE »Wer ist's, von welchem prophezeiend
Gesprochen hat der delphische Fels,
Als hab Unsägliches
Vollendet er mit blutigen Händen?
Es kommet die Stunde, da kräftiger er
Denn sturmgleich wandelnde Rosse muß
Zu der Flucht die Füße bewegen.
Denn gewaffnet auf ihn stürzt
Mit Feuer und Wetterstrahl
Zeus' Sohn, und gewaltig kommen zugleich
Die unerbittlichen Parzen.«
NATASCHA *tritt ein* Komm, komm, mein lieber Pelle! Schnell ins Bett!

PELLE Entschuldigen Sie, verzeihen Sie! Entschuldigung!
NATASCHA Hören Sie bitte jetzt mit Proben auf, daß die Jungen nicht in ihrem Schlaf gestört werden. *Sie geht mit Pelle ab.*
BERNHARDT Bis morgen also. Helge, wir feilen deine Szene bei mir oben.
HELGE Ich gehe wohl auch besser nach Hause. Wegen Mutti. Ich habe noch Schularbeiten zu machen. *Astrid ansehend* Huberta, kommt ihr mit?
HUBERTA Ja.
ASTRID Einen Augenblick. *Sie hält Bernhardt zurück.*
Werner, Helge, Huberta ab
Ich begleite dich in dein Zimmer. *Pause* Wegen des Griechischen.
BERNHARDT Wenn wir leise sind, können wir auch hier unser Griechisch lernen.
Astrid schluchzt auf.
Schluchze nicht! Dekliniere!
HUBERTA *von draußen* Astrid, kommst du?
ASTRID Ich bleibe noch. Geht nur. Gute Nacht! *Pause*
BERNHARDT Der Mensch:...
ASTRID Anthropos
Tu Anthropu
BERNHARDT To Anthropo
Ton Anthropon
Anthrope
ASTRID Anthropoi
Anthropon

XVI.

Telefonzelle

ASTRID *telefoniert* Helge?
Ja, ich will mit Helge sprechen, nicht mit seinem Bruder.
Helge?
Bemühen Sie sich nicht, wenn er auf dem Feld arbeitet.
Helge? Du bist es!
Hier ist Astrid.
Huberta läßt grüßen. Sie hat mir zugeredet, ich sollte mich bei dir entschuldigen, wegen neulich abend auf der Tenne.
Nein, nicht nur, weil Huberta es mir geraten hat. Ich bedaure es wirklich.
Ich möchte dich einladen, mit uns übers Wochenende in die Schären zu rudern.
Du bist schon vergeben.
Nein, Bernhardt nicht.
Ich verstehe, du bist schon vergeben.
Es war eine Idee von Huberta. Auf Wiedersehen.
Ich meine, ich wäre froh gewesen, wenn du uns begleitet hättest.
Nein. Du hast mich falsch verstanden.
Ich bin nicht betrübt, wenn du ausbleibst.
Hej!
Sie hängt ein.

XVII.

Unter Hubertas Fenster.
Helge kommt mit Rucksack und Gitarre. Er wirft eine Handvoll Kies ans Fenster.

HUBERTA *am Fenster* Helge! *Nach hinten* Astrid, Helge ist doch noch aufgekreuzt!
ASTRID *am Fenster, übertrieben euphorisch* Hej, hej, Helge!
HELGE Hej, Astrid.
ASTRID Was hast du denn alles mitgebracht?
HELGE Schinken und Eier und auch Wein und Käse und einen Spirituskocher.
HUBERTA Wir haben eine Torte gebacken.
ASTRID Wir fürchteten schon, wir müßten alles alleine aufessen: Ölsardinen und Kekse, Würstchen, Weißbrot und den herrlichen, süßen, schwedischen Senf.
HELGE Den Senf habe ich auch nicht vergessen.
HUBERTA Und die Gitarre?
Helge schwenkt die Gitarre.
Los, auf!
ASTRID *singt* Auf du junger Wandersmann,
Jetzo kommt die Zeit heran.
Helge begleitet das Lied auf der Gitarre. Die Mädchen verschwinden vom Fenster und treten wenig später aus der Haustür. Sie sind bunt und phantastisch angezogen.
HELGE Ihr seid aber hübsch.
ASTRID Ich will eine Fahne! *Sie nimmt ihr Halstuch und bindet es an einen Stock.*
HUBERTA Beeil dich!
HELGE Ich will auch eine Fahne.
Er knotet sein Taschentuch an die Gitarre. Die Mädchen singen wieder. Astrid und Helge schwenken ihre Fahnen in der Luft.
BERNHARDT *kommt ihnen entgegen, ein Buch in der Hand* Hej!

DIE DREI Hej!
BERNHARDT Hej, Helge!
HELGE Hej!
Die drei gehen ab. Bernhardt bleibt stehen. Er streicht sich mit der Hand über das Gesicht.
BERNHARDT Helge! *Er zuckt die Achseln. Pause. Er brüllt.* Helge!
HELGE *kommt zurück* Warum rufst du mich?
HUBERTA *hinter der Szene* Astrid und ich ketten schon das Boot los.
HELGE Ich habe es eilig, ich ...
BERNHARDT Deine Mutter wartet auf dich, ich weiß.
ASTRID *hinter der Szene* Nein, ich will nicht mehr! Nein, Huberta. Ich bin keine Figur in einem Brettspiel, die du schieben kannst, wie es dir beliebt. Ich gehe schlafen. *Sie tritt auf.*
HUBERTA *folgt ihr* Red doch keinen Schmarrn!
ASTRID Bernhardt, verzeih mir! *Sie läuft ab; Huberta ihr nach.*
HELGE Astrid! *Er will den Mädchen folgen.*
BERNHARDT Du bleibst hier!
HELGE Du kannst mich nicht zwingen.
BERNHARDT Nein, ich kann dich nicht zwingen! Ich bin ein Dreck für dich, ein Wörterbuch bin ich für dich; ich bin gar nichts für dich.
HELGE Was habe ich dir denn getan? *Er legt den Rucksack ab.*
BERNHARDT Wo wolltest du hin?
HELGE Mit den Mädchen ein bißchen spazierengehen.
BERNHARDT Dazu brauchst du einen Rucksack und eine Gitarre? *Er öffnet den Rucksack.* Eier, Schinken und Wein und süßen, schwedischen Senf! Du bemogelst mich von hinten und vorn. Ich will Schluß machen! Hörst du: Ich will Schluß machen! Bitte, laß uns doch Schluß machen!
HELGE Warum denn?
BERNHARDT Du hast mich nicht lieb!
HELGE Doch, bestimmt!
BERNHARDT Du hast mich nicht mit Haut und Haaren lieb. Ich warte jeden Abend auf dich! Nein! Aus! Aus! Schluß!

HELGE Ich habe dich nicht bemogeln wollen. Astrid hat angerufen, um mich einzuladen. Ich habe an mein Versprechen dir gegenüber gedacht und nein gesagt.
BERNHARDT Und du bist doch gegangen.
HELGE Laß uns nicht Schluß machen. Ich bewundere dich. Du bildest mich. Auch die Lehrer in der Schule sagen, ich sei in der letzten Zeit ein andrer Junge geworden. Ich bewundere dich wirklich. Ich möchte werden, wie du bist!
BERNHARDT O Gott!
HELGE Wir setzen uns auf die Klippen. *Sie setzen sich. Helge spielt auf der Gitarre ›Ut i vår háge‹.*
BERNHARDT Helge, laß mich nicht allein! Helge, bemogle mich nicht! Hab mich lieb, Helge!
HELGE Ich werde dich sehr liebhaben.

XVIII.

Bootssteg. Mond. Nebel. Nachtigallen.
Huberta sitzt allein in einem Boot.

BERNHARDT *kommt* Guten Abend, Huberta.
HUBERTA Wer ist das?
BERNHARDT Ich, Bernhardt.
HUBERTA Du bist mir nachgeschlichen?
BERNHARDT Geschlichen? Gesprungen! Du liefst, daß ich dich zweimal aus den Augen verloren habe.
HUBERTA Nicht einmal nachts, auf dem Meer, in einem Boot bin ich sicher vor dir.
BERNHARDT Ich habe eine Entdeckung gemacht.
HUBERTA Du hast unseren Ausflug zerstört. Es ist zum Kotzen, wie du Astrid nachstellst! Warum verfolgst du mich jetzt auch noch? Ich will nichts mit dir zu tun haben! Ich will alleine sein!
Bernhardt wendet sich zum Gehen
Was hast du für eine Entdeckung gemacht?

BERNHARDT Ich möchte deine jungfräulichen Nebel nicht stören.
HUBERTA Es handelt sich natürlich um Pelle. Ich sehe es dir an der Nasenspitze an.
BERNHARDT Ja, es handelt sich natürlich um Pelle. Ich habe den Grund für seine Krankheit herausgefunden. Ich weiß, welches seine Störung ist. Und du brennst darauf, es auch zu wissen.
HUBERTA Wir kleben an ihm, wie Fliegen am Dreck. Ich würde am liebsten nichts wissen wollen: Was hast du entdeckt?
BERNHARDT Ich habe entdeckt, daß Pelles Vater nicht existiert. Ich habe entdeckt, daß Lajos existiert.
HUBERTA Und ich entdecke, daß Ödipus die Sphinx spielt.
BERNHARDT Pelle verlor seinen Vater mit acht Jahren. Seine Mutter heiratete kein zweites Mal.
HUBERTA Freud hat recht. Hoch das Bein, die Libido soll leben! Warum bin ich nicht früher darauf verfallen. Ich hätte nicht jahrelang auf achtflüglige Engel gewartet!
BERNHARDT Freud hat unrecht.
HUBERTA Mit deiner Aufregung gibst du nur ein Beispiel für seine Theorie ab.
BERNHARDT Wie kann Pelle auf einen Vater eifersüchtig sein, der tot ist?
HUBERTA Du verdrehst alles... Du erklärst die Ursache aus der Folge. Pelle wurde krank, weil er seine Mutter, von seinem Vater ungestört, lieben konnte.
BERNHARDT Und wenn er krank geworden wäre, weil er sich nach seinem Vater gesehnt hat?
HUBERTA Hast du dich nicht auch nach deinem Vater gesehnt? Trotzdem läufst du Astrid nach, wie ein Hund, der an jeder Ecke sein Bein hebt.
BERNHARDT Und du bewachst Astrid, wie eine Jungfer ihre läufige Schoßhündin bewacht.
HUBERTA Du bist ein Teufel!
BERNHARDT Und du bist seine Großmutter!
Pause Kennst du Lajos?

HUBERTA Nicht persönlich.
BERNHARDT Niemand kennt ihn. Papa Freud nicht, Papa Steiner sicher auch nicht, Pelle nicht.
HUBERTA Lajos ist der Vater des Ödipus.
BERNHARDT Ja, der Mann am Kreuzweg, die Leiche und, last not least, der Erfinder von Pelles Krankheit, wenn es eine Krankheit ist, aber es ist keine Krankheit.
HUBERTA »Krank oder nicht krank, das ist hier die Frage.«
BERNHARDT Lajos hatte in seiner Jugend ein Techtelmechtel mit dem Sohn eines Gastfreunds. Die Götter untersagten ihm wegen dieser rückwärtigen Neigung jegliche Vaterschaft. Sie drohten ihm bei Übertretung des Gebotes einen Sohn an, der den eigenen Vati, ihn selbst, Lajos, abkillen würde und Jokaste, die eigene Maman, seine, Lajos, Frau, vernaschen.
HUBERTA Freud erwähnt diese Sage nicht?
BERNHARDT Nein, ich habe sie aus einem Büchlein über die griechischen Mysterienstätten.
HUBERTA Freuds Unkenntnis ist ein Beweis für die Richtigkeit seiner Behauptungen. Unabhängig von den Griechen bringt er, wie sie, Pelle in einen Zusammenhang mit Ödipus.
BERNHARDT Lajos eilte in die Büsche, ohne an Vater oder Mutter dabei zu denken. Freud geht von falschen Voraussetzungen aus.
HUBERTA Was weißt du? Bei Komplexen spielt die Reihenfolge keine Rolle.
BERNHARDT Pelle geht hinter die Büsche, als fände er dort das Schönste, das Liebste, das Unausweichlichste, hast du selbst gesagt. Er ist kein Hampelmann, der von irgendwelchen obskuren Mächten gezogen wird, wie von einem Bindfaden!
HUBERTA Du bist reif für die Anthroposophie!
BERNHARDT Und du fängst an, Freud für den lieben Gott zu halten.
HUBERTA Wir tauschen Papa Freud gegen Papa Steiner.
BERNHARDT Ich vermache dir die heiligen Schriften mit mei-

nen Randnotizen. Ich habe noch einen besonderen Lekkerbissen für dich! – Der wienerische Hypnotiseur im Vatermörder behauptet, der Glaube an einen persönlichen Gott sei von dem Einfluß des leiblichen Erzeugers abhängig.
HUBERTA Die Psychoanalyse fängt an, mir ein Gaudi zu machen.
BERNHARDT Hör auf!
HUBERTA Ich soll aufhören? Du hast mich gezwungen, zu denken wie du. Denn du bist eingebrochen in meinen Glauben. Du gabst Freud solange recht, bis du mich mit ihm infiziert hattest. Dann fingst du an, das Anzweifeln anzuzweifeln. Jetzt will ich mich in deinen Gedanken sielen.
BERNHARDT Bleib nur nicht darin stecken. Was für ein Gaudi: Alle Schwulen müßten Atheisten sein! Pelles Vater am Kreuzweg. Gott kam abhanden. Deshalb geht er mit Himmelblick in die Büsche. Deshalb verdammt Gott Lajos. Gott sagt: Lajos, du vergötterst deinen feschen, kleinen Gigolo. Du hast mich quasi umgebracht für ihn. Ich werd dir's schon heimzahlen. Du sollst nimmer mit einer Frau. Wenn du einen Bub zeugst, wird er dich, meinen Bub, abmurksen, wie du mich, deinen Vater, abgemurkst hast.
Pause
HUBERTA Dein Vater wohnt in Schweden, hast du mir erzählt.
BERNHARDT Dein Vater wohnt in Österreich, hast du mir erzählt.
HUBERTA Es ist lachhaft!
BERNHARDT Ja, es ist lachhaft! *Eilig ab*

XIX.

Bootssteg. Eine Jacht. Klare Sicht. Morgendämmerung.
Bernhardt, Helge

BERNHARDT Die Nachtigallen hören auf zu singen. Der Morgen kommt.
HELGE Bist du nicht müde? Stundenlang in den Klippen herumzustolpern!
BERNHARDT Ich könnte neben dir bis ans Ende der Welt gehen.
HELGE Ich bin müde. Ob die Kajüte der Jacht abgeschlossen ist? *Er springt auf den Bug der Jacht.* Die Türen sind offen! Komm!
Sie steigen in die Kajüte hinab. An jeder Außenwand befindet sich eine Bank.
BERNHARDT Hier unten ist es noch warm von gestern. *Er setzt sich.*
HELGE Wie in einem Bauch. *Er setzt sich Bernhardt gegenüber.*
BERNHARDT Hörst du, wie der Tau auf das Deck klopft?
HELGE Ja.
Bernhardt steht auf und setzt sich neben Helge. Helge steht auf und setzt sich auf die gegenüberliegende Bank.
BERNHARDT Ich rieche deinen Schweiß bis hier herüber.
Er setzt sich abermals neben Helge, dieser, mit einem leichten Lachen, setzt sich wieder auf die gegenüberliegende Bank. Bernhardt steht auf. Er versucht, Helge zu umarmen. Helge entwischt ihm zweimal. Bernhardt hält inne, streicht sich mit der Hand über das Gesicht und verläßt die Jacht. Helge stutzt und läuft ihm nach.
HELGE Was ist denn los?
BERNHARDT *im Weitergehen* Nichts ist los! Gar nichts ist los! Es ist los, daß ich hinter dir her renne, wie ein Bulldog hinter einem Pinscher!
HELGE *lachend* Worauf du auch kommst!

BERNHARDT Es ist lustig, den Schwulen mit einem Steifen in der Hose hinter sich her rennen zu lassen.
HELGE Mach doch nicht schon wieder eine Szene. Wir steigen zurück in den Bauch der Jacht, und ich laß dich!
BERNHARDT Heute nacht läßt du mich, auch morgen vielleicht noch, und übermorgen hebe ich wieder das Bein und laufe hinter dir her, durch das Heim, bis in die Wälder und ans Meer, daß sogar die Gören auf der Landstraße über mich lachen. Nein, nein, nein, ich will es wissen, jetzt, ganz, ganz!
HELGE Was willst du wissen?
BERNHARDT Ob du mit mir zusammenbleiben kannst.
HELGE Das habe ich dir schon dreimal beantwortet.
BERNHARDT Und wenn du es mir noch zwölf Mal beantwortest, wirst du mich ein dreizehntes Mal anmeiern und bemogeln. Du schüttelst dich vor Angst! Hab doch keine Angst vor mir! Was tue ich dir denn? Ich tue dir doch nur das eine, das Widerliche, das Scheußliche, das Lächerliche: Ich will dich liebhaben.
HELGE Aber ich finde dich gar nicht widerlich und nicht scheußlich. Ich falle nur um vor Müdigkeit, das ist alles.
BERNHARDT Du findest mich nicht widerlich? Du, überleg dir, was du sagst. Ich will es wissen, ich will es ganz genau wissen, bis auf den Grund. Du findest mich nicht widerlich?
HELGE Nein!
BERNHARDT Ist das wahr?
HELGE Ja.
BERNHARDT Wenn ich auf dir liege, ekelt es dich vor mir?
HELGE Nein.
BERNHARDT Ekelt dich, was ich mit dir anstelle?
HELGE Nein!
BERNHARDT Findest du meine Haut widerlich?
HELGE Nein.
BERNHARDT Meine Zähne, meine Warze am Hals?
HELGE Nein!
BERNHARDT Meinen Geruch?

HELGE Nein!
BERNHARDT Meinen Schwanz?
HELGE Nein, nein, nein!
BERNHARDT Auch meinen Geruch findest du nicht widerlich? Bleib ruhig, du brauchst keine Angst zu haben!
HELGE Ich finde dich nicht widerlich.
BERNHARDT Meinen Geruch, habe ich gefragt!
HELGE Ich finde deinen Geruch nicht widerlich.
BERNHARDT Findest du mich blöd, feige oder gemein?
HELGE Nein, du bist mir sehr sympathisch.
BERNHARDT Warum quälst du mich so fürchterlich?
HELGE Ich will dich nicht quälen. Ich will alles tun, was du willst. Ich will immer mit dir zusammenbleiben, damit wir uns nur nicht trennen.
Die Sonne geht auf.
BERNHARDT Ist das wahr?
HELGE Ja.
BERNHARDT Helge, die Sonne geht auf. Du kannst mich doch nicht bemogeln, wenn die Sonne aufgeht.
HELGE Nein.
BERNHARDT Ist es wahr, daß du dich nicht vor mir ekelst, daß du mein Freund sein willst, ich dein einziger Freund, du mein einziger Freund, immer, mit Haut und Haaren?
HELGE Ja.
BERNHARDT Kann ich dir das glauben?
HELGE Bestimmt!
BERNHARDT Bemogelst du mich nicht?
HELGE Nein, ich bemogle dich nicht.
BERNHARDT Schwörst du es?
HELGE Ich schwöre es.
BERNHARDT Gilt dein Schwur auch morgen noch?
HELGE Ja.
BERNHARDT Helge, die Sonne ist doch bei deinen Worten aufgegangen!
HELGE Ich meine es ehrlich.
BERNHARDT Dann ist also alles ganz einfach?
HELGE Ich habe dich sehr gern, wirklich!

BERNHARDT Ich glaube dir nicht. Du würdest nicht dein Blut mit meinem Blut vermischen.
HELGE Doch.
BERNHARDT Du hast Angst, daß es weh tut.
HELGE Ich habe keine Angst.
Bernhardt nimmt Helge bei der Hand. Beide ab. Sie treten in Bernhardts Studierzimmer.
BERNHARDT Mein Zimmer ist unordentlich. Hier. Das Messer. Ein Becher. Die Karaffe. Stich dir in den Finger!
HELGE *sticht sich in den Finger* Es kommt kein Blut.
BERNHARDT *sticht ihm in den Finger* Doch! Da! Meins auch! *Er sticht sich in den Finger.* Wasser. *Er gießt Wasser aus der Karaffe in den Becher.* Trink!
Helge trinkt und gibt Bernhardt den Becher zurück. Bernhardt trinkt.
Håknässlimonade! Es ist kein Wasser. In der Karaffe ist Limonade!
HELGE Es schmeckt nicht gut, aber wir haben unser Blut gemischt.
BERNHARDT Jetzt sind wir eins für immer. Jetzt ist alles gut. Jetzt bemogelst du mich nicht mehr.
Sie umarmen sich leicht, ziehen einander die Hemden aus, lächeln, lachen unter ihren Liebkosungen.

XX.

Schäreninsel. Auffahrt eines Gutshofs. Kinderturngeräte. Eine Schaukel.
Huberta, Astrid

HUBERTA O, auf dieser Insel gibt es sogar eine Schaukel!
ASTRID Du kannst doch nicht auf dem Hof hier schaukeln! In deinem Alter, um elf Uhr abends! Das gehört sich nicht.

HUBERTA Das gehört sich nicht! Nein, das gehört sich nicht! *Sie beginnt zu schaukeln. Aus den Fenstern des Gutshofes dringen Lachen und Tanzmusik.*
ASTRID Huberta, hör doch auf! Huberta, komm jetzt! *Sie schreit.* Huberta, komm! Hör auf! Ich halt es nicht mehr aus! Ich muß mit dir sprechen!
HUBERTA *springt von der Schaukel ab* Du mußt mit mir sprechen? Hast du nicht Angst, daß ich dich »wie eine Figur in einem Brettspiel hin und her schiebe«?
ASTRID Trage mir meine Worte nicht nach. Bernhardt war daran schuld!
HUBERTA Ich trage dir nichts nach, wenn du mich nur ein bißchen an allen deinen Erlebnissen teilnehmen läßt.
ASTRID Da oben tanzen sie. Wollen wir wirklich hinaufgehen und mit den andren herumhüpfen?
HUBERTA Selbstverständlich. Wir werden uns beide einen schneidigen Kerl aussuchen und trinken und vom kalten Büffet essen und herumhüpfen und schwitzen und lachen und küssen und... Wollen wir wirklich hinaufgehen? Da oben ist es heiß, und es riecht nach geilen Dummköpfen. Hier draußen ist es kühl und dämmrig, und der Wind weht sacht über das Meer. Wir nähmen einander beim Arm und zögen von Insel zu Insel.
ASTRID Huberta, wenn ich da hinaufgehe, werde ich Bernhardt begegnen. Die Schwedenmädchen sehen ihn an. Er tanzt. Er preßt sie zum Spaß an sich. Ich liebe Bernhardt so fürchterlich! Jetzt habe ich es dir gesagt. Hilf mir, Huberta!
HUBERTA Bernhardt? Ich bin herumgetappt wie eine blinde Kuh im Nebel. Bernhardt läuft dir doch nach, was beklagst du dich!
ASTRID Er mir? Ich laufe ihm nach, das ist die Wahrheit.
HUBERTA Du liebst Bernhardt, und er flieht dich?
ASTRID Flieht mich – nein. Er bekümmert sich nicht um mich.
HUBERTA Du wirst ihn nie bekommen.
ASTRID Woher weißt du das?

HUBERTA Das fühle ich.
ASTRID Das fühlst du. Ist das deine ganze Erklärung? Mehr weißt du mir nicht zu sagen?
HUBERTA Warum mußt du dir den einen aussuchen, der dich nicht mag? Gefällt dir kein andrer, dem du besser gefällst?
ASTRID Alle, die hinter mir herlaufen, reizen mich nicht.
HUBERTA Das ist also das Geheimnis. O Astrid, jetzt vermag ich dich glücklich zu machen...
ASTRID Steh mir bei, bring mir Bernhardt! *Sie sieht zu den erleuchteten Fenstern hinauf.*
HUBERTA ...und wenn du dann am Morgen durch das frische, grüne und pfirsichfarbene Licht gehst, ganz müde vom Glück, dann habe ich euch beiden gedient und keinen von euch entbehrt.
ASTRID Wie bitte?
HUBERTA Ich werde dir helfen.
ASTRID Tu es, ja! *Sie umarmt Huberta.* Es wird noch alles gut werden.
HUBERTA Ich gehe hinauf und sehe nach, ob er schon gekommen ist. Laß mich nur machen. Halte dich versteckt, daß er deiner nicht gewahr wird, wenn er in der Zwischenzeit anlangen sollte.

Huberta geleitet Astrid an den Rand der Szene und geht in das Gutsgebäude ab. Astrid kommt hervor, sieht zu den Fenstern hinauf, dann verbirgt sie sich wieder. Zwei Paare treten auf: Ein betrunkener junger Mann mit einem energischen Mädchen, ein quietschendes, betrunkenes Mädchen mit einem lebhaften jungen Mann.

DAS ENERGISCHE MÄDCHEN *zieht den Betrunkenen* Du läufst zu langsam!

Das zweite Paar geht an ihnen vorbei, der lebhafte junge Mann hüpft um das betrunkene Mädchen herum und faßt ihm an den Busen und unter den Rock. Beide ab

DAS BETRUNKENE MÄDCHEN *kommt zurück* Wo bleibt ihr denn?

Der lebhafte junge Mann faßt sie von hinten an die Brüste

und zieht sie von der Bühne. Das andre Paar folgt ihnen. Astrid tritt hervor, sieht zu den erleuchteten Fenstern hinauf, verbirgt sich wieder.
HUBERTA *kommt zurück* Astrid, er ist nicht oben.
ASTRID Bist du sicher?
HUBERTA Ja. – Geh hinauf, trink und iß ein wenig, lache, daß niemand deine Traurigkeit spürt, tanz auch. Wenn er kommt, sei liebreizend zu ihm, doch schlage ihm einen Tanz aus.
ASTRID Nein, Huberta, das nicht! Während dieses einen Tanzes würde ich ihn doch gewinnen. Wenn er mich nur aufforderte!
HUBERTA Vertraue mir. Schlag ihm einen Tanz aus; wenn du dann mit einem anderen tanzt, nicht wild, nicht verschwitzt, nicht atemlos, aber mit frohen Augen, dann wird er dich von neuem auffordern, und dann erst gewährst du dich ihm.
ASTRID Du bist klug.
HUBERTA Ich bin häßlich.
ASTRID Warum verachtest du mich?
HUBERTA Öffne die Bluse ein wenig mehr, daß der Anfang deines Halses zu sehen ist. *Sie nimmt das Halstuch Astrids an sich.* Dein Parfum!
ASTRID Es ist ein französisches Parfum. Ich habe es in Stockholm gekauft. Er läßt sich leicht von Düften einfangen, hat er mir einmal gesagt. Ich habe das Fläschchen mitgebracht. Ich tue mir noch einen Tropfen an.
HUBERTA Nein! Jetzt bleibt in dem Duft gerade noch der Hauch deiner Haut. Geh! Bringe dich nicht zu sehr in Schweiß, damit das Parfum nicht verschwimmt.
Sie sieht Astrid nach, die langsam auf den Eingang des Gutsgebäudes zugeht.

XXI.

Parkallee auf der Schäreninsel.
Helge, Huberta, ein Liebespaar.
Auf der linken Seite der Bühne Helge, mit dem Rücken zum Publikum, wartend. Auf der andren Seite ein sich umarmendes Liebespaar, welches im folgenden Bild langsam von rechts nach links geht.

HUBERTA Auf wen wartest du, Helge?
HELGE Ich warte nur auf...
HUBERTA Auf eine Freundin?
HELGE Nein...
HUBERTA Auf Astrid?
HELGE Nein, ich...
HUBERTA Wartest du auf – mich?
HELGE Ich warte auf Bernhardt. Ich habe mich in der Zeit geirrt. Ich bin zu früh hier. Tag und Nacht ist es hell. Man bringt die Stunden durcheinander.
HUBERTA *auf das Liebespaar weisend* Sieh dir die an!
HELGE Die haben es gut!
HUBERTA Wenn sie sich selbst beobachten könnten, würden sie sich krümmen vor Lachen.
HELGE Aber ihnen ist es sehr ernst.
HUBERTA Was für ein Name ist jetzt in deinem Kopf?
HELGE Warum möchtest du das wissen?
HUBERTA Ich möchte wissen, ob es der Name Astrid ist.
HELGE Vielleicht.
HUBERTA Vielleicht? Oder der Name eines andren Mädchens?
HELGE Nein. *Er sieht sie an.* Ja, vielleicht.
HUBERTA Helge, ich begreife! Helge, ist es sehr böse und albern, wenn jemand einmal nur ganz an sich denkt und sich danach sehnt, in Schweiß gebadet zu sein und es ganz ernst zu meinen?
HELGE Du sprichst so komisch.

HUBERTA Es ist heiß heute nacht. Alle schwitzen aneinander. Und die Musik aus der Ferne und die raschelnden Büsche und der Geruch, der Geruch von den Parfums, die langsam im Schweiß untergehn. Laß mich nicht nur alleine reden. Sag ein Wort und ich würde – vielleicht – tun, was du – vielleicht – von Astrid – vergeblich – erwartet hast.
HELGE Nein, du verstehst mich falsch.
HUBERTA O Gott, du hast mich also verstanden. Nun ist alles gleich!
HELGE Was ist gleich? Ich denke wirklich nicht nur an Astrid, sondern auch an andre Mädchen – schwedische Mädchen.
HUBERTA Astrid – liebt dich! Sie leidet unter deiner Unentschiedenheit.
HELGE Ich bin nicht unentschieden. Ich bin gezwungen...
HUBERTA Geh tanzen, doch halte dich ihr fern, weise sie ab, zeig dich ihr mit andren Mädchen. Gegen Morgen brechen wir gemeinsam auf: Astrid, Bernhardt, du und ich. Wir ziehn durch die Wälder. Wir werden uns verlieren. Triff plötzlich auf sie! Fall sie an! Sie wird nicht lange Widerstand leisten.
HELGE Erklär mir doch!
HUBERTA Zeig ihr nie, daß du sie liebst, und sei nie, nie zärtlich zu ihr! *Sie geht ab.*
HELGE Warte!
HUBERTA Nein, komm mir nicht nach! Komm mir nicht nah!

XXII.

Parkallee.
Helge geht auf und ab. Seine Mutter tritt auf.

HELGE Mutti!
MUTTER Ja, ich. Ich weiß, es steht mir nicht an wie euch, in dieser Nacht mit den Fähren von Insel zu Insel zu ziehen, und ich habe es dennoch getan, denn ich bin sehr unruhig. Ich habe nicht das Recht, dich mit meiner Unruhe zu belasten, aber – wenn es dir nicht gut geht, wenn du deine Worte an jemanden loswerden mußt – geniere dich nicht.
HELGE Nein, Mutti.
MUTTER Habe ich dein Vertrauen verloren, weil ich Bernhardt gern mag?
HELGE Nein, es ist nichts.
MUTTER Ich will nicht eure Geheimnisse auskundschaften; die Nächte, die ich wach lag und auf dein Heimkommen wartete, die Morgende, an denen ich deine Abwesenheit vor Vater entschuldigte, haben mich vertrauter damit gemacht, als es deine Worte vermöchten.
HELGE Ich gestehe es dir ja ein, ich habe ein Verhältnis mit Bernhardt.
MUTTER I c h habe mich damit abgefunden. Aber du? Helge, ekelt es dich? Fast wünschte ich, es ekelte dich nicht, daß du weniger trübselig einhergingst und er auch.
HELGE Doch, mich ekelt. Mich hat immer davor geekelt. Er ergießt sich rücklings über mich, als wäre ich ein Stein und gerade gut genug, daß er auf mich niederspringt.
MUTTER Warum hast du eingewilligt?
HELGE Ich weiß es nicht. Ich war neugierig. Später war es Mitleid.
MUTTER Und du läßt es andauern?
HELGE Mein eigener Wille setzt aus, wenn er es will. Ich bewundere ihn. Meine Bewunderung ist ebenso groß wie mein Ekel. Ich könnte stundenlang neben ihm sitzen und

Sprachen lernen. Er ist unerbittlich, wenn er mir Unterricht gibt. Bei den Proben zum Ödipus sausen mir seine Worte rechts und links um die Ohren. Das stört mich nicht. Ich lerne viel. Aber wenn er sich über mich wölbt, und sein Gesicht ist starr und voll tiefer Linien – wenn er es heiß über mich hinspritzt, dann ekle ich mich, ekle ich mich! Ich kann es ihm nicht sagen. Ich habe Mitleid mit ihm.

MUTTER Warum betrügst du ihn?

HELGE Auch ich möchte gelegentlich etwas Spaß mit ein paar Mädchen haben. Und er betrügt mich auch. Er erzählt mir, er hat sein ganzes Leben auf mich gewartet, er will allein mich zum Freund haben. Das ist gelogen. Er würde das Gleiche jedem andren, der an meiner Stelle unter ihm läge, auch erzählen.

MUTTER Entscheide dich. Wenn du glaubst, daß du ihm ohne Betrug angehören kannst, gehöre ihm an, ob es mir nun schmerzlich ist oder voller Lust; wenn dir aber immer dieser Nachgeschmack von Ekel im Mund bleibt, dann mußt du ihm ganz absagen und für immer.

HELGE Wozu rätst du mir denn?

MUTTER Ich kann dir nicht raten. Ich liebe dich, Helge. Aber ich sorge mich auch um ihn. Du mußt dich entscheiden. *Eilig ab*

HELGE Mutti...!

XXIII.

Parkallee. Wiesen. Gebüsch

BERNHARDT *hinter der Szene* Helge!
Helge kommt von links. Bernhardt von rechts
Helge! Was machst du für ein Gesicht!
HELGE Ich war zu früh hier. Ich habe mich um eine Stunde geirrt.
BERNHARDT *legt seinen Arm um den Hals Helges* Armer Nöck!
HELGE *schüttelt den Arm ab* Meine Mutter ist mir nachgegangen. Sie weiß alles!
Zwei Mädchen gucken hinter einem Busch hervor.
ERSTES MÄDCHEN Da sind auch noch zwei!
ZWEITES MÄDCHEN Ihr da, kommt mal her! *Sie verschwinden wieder im Busch. Gekicher*
HELGE Ich will nicht mehr Nöck und Einhorn mit dir spielen.
BERNHARDT Unser Blut, das wir gemischt haben, rinnt zusammen, wie saure Milch.
ERSTES MÄDCHEN *guckt hinter dem Busch hervor* Hallo, hört ihr denn nicht?
BERNHARDT Ich bin schwul.
HELGE Bernhardt, du bist also einverstanden: Alles ist wie vorher, nur spielen wir nicht mehr Nöck und...
ZWEITES MÄDCHEN Was sagst du?
BERNHARDT Ich bin schwul!
Helge schnell ab, ohne daß Bernhardt es bemerkt.
ZWEITES MÄDCHEN Das macht nichts, wir werden schon zurechtkommen!
BERNHARDT *bemerkt, daß Helge ihn verlassen hat; er dreht sich nach allen Seiten* Ich bin schwul! Ich bin schwul!

XXIV.

Saal des Gutshofes.
Bernhardt, Helge, Astrid, Huberta, Werner sitzen verstreut unter den andren Mittsommernachtsgästen. Die Kapelle beginnt ›Petit Fleur‹ zu spielen.

EINE STIMME Damenwahl.
Astrid tritt auf Bernhardt zu. Huberta folgt ihr. Astrid zögert, dann geht sie zu Helge und fordert ihn auf. Huberta bittet Bernhardt zum Tanz. Beide tanzen ausgefallen und akrobatisch. Es bildet sich ein Kreis um sie, der ihnen zuklatscht. Der Tanz ist zu Ende. Astrid, Helge, Werner treten zu Bernhardt und Huberta.
ASTRID Fabelhaft, Huberta!
HELGE Fabelhaft, Bernhardt, wirklich fabelhaft!
WERNER Bernhardt, was bist du nur für ein lustiger Kerl! Wo du aufkreuzt, ist Laune!
HUBERTA Wir wollen jetzt gehen.
WERNER Darf ich mich euch anschließen?

XXV.

An der Fähre.
Huberta, Bernhardt, Astrid, Helge, Werner, ein Fährmann

FÄHRMANN Die letzte Fähre habe ich heute nacht gefahren.
ASTRID Wie spät ist es denn?
FÄHRMANN Zwei Uhr morgens.
ASTRID *zu Huberta* Und du hast uns gesagt ein Uhr!
WERNER Hubertas Uhr ist stehengeblieben.
BERNHARDT Oder sie geht eine ganze Stunde nach.

HUBERTA Tag und Nacht ist es hell, man bringt die Zeit durcheinander.

FÄHRMANN Es bleibt Ihnen nichts andres übrig, als auf die erste Fähre morgen früh – ich meine, heute früh zu warten.

Büsche, Felsen.
Astrid, Huberta, Bernhardt, Werner

ASTRID Huberta, möchtest du mir bitte mein Halstuch zurückgeben?

HUBERTA Dein Halstuch? Von welchem Halstuch sprichst du.

ASTRID Als du mir die Bluse zurechtrücktest, hast du es an dich genommen.

HUBERTA Als ich dir die Bluse zurechtrückte... Ich erinnere mich. Ich muß es im Tanzsaal vergessen haben.

ASTRID Ich hole es schnell.

HUBERTA Ich gehe schon.

ASTRID Nein, bleib hier! Bernhardt kann mich begleiten.

BERNHARDT *zu Werner* Wo steckt Helge?

WERNER Er ist vorausgegangen.

HUBERTA Nein, er kommt hinteran.

ASTRID Bernhardt, ich weiß, daß ich in den Wind rede. Ich mache mich allein auf den Weg. *Ab*

BERNHARDT Was meinst du, Astrid? – Wo ist sie hin?

HUBERTA Ihr Halstuch holen.

WERNER Wir hätten sie alle begleiten sollen.

HUBERTA Ich kenne einen Richtweg. Kommt! Wir werden eher auf dem Gutshof sein als sie. *Sie führt Bernhardt und Werner in die entgegengesetzte Richtung.*

Dickicht

ASTRID *allein* Wer ist da? Bernhardt?

HELGE *hervortretend* Ich bin es.

ASTRID Wo kommst du her?

HELGE Ich habe dein Halstuch geholt.

ASTRID Du? Woher wußtest du, daß ich es vergessen hatte?

HELGE *legt ihr das Tuch um den Hals* Wo sind die andren?

ASTRID Nicht weit von hier.

HELGE Sieh dort, die weißen Apfelblüten!
ASTRID Wir kommen zu weit vom Weg ab.
HELGE Setz dich in das weiche Moos.
Astrid setzt sich. Helge spielt mit dem Tuch an ihrem Hals.
WERNER *hinter der Szene* Astrid!
ASTRID Sie kommen!
HELGE Wir sind vom Dickicht geschützt. Vom Weg aus können sie uns nicht entdecken.
BERNHARDT *hinter der Szene* Helge!
Helge wirft sich über Astrid.
ASTRID Nein, nein!
HELGE Mach nicht erst lange Theater. Es tut dir genausogut wie mir.
Bernhardt, Huberta, Werner ziehen auf dem Weg vorüber.
ASTRID O Bernhardt...
Felsplateau. Unten das Meer. Bernhardt, Huberta, Werner
BERNHARDT Vielleicht hat Helge sich verlaufen?
WERNER Vielleicht sind sich Helge und Astrid begegnet?
HUBERTA Die Sonne geht auf!
BERNHARDT *brüllt* Helge, Helge!
HUBERTA Astrid!
Helge und Astrid treten auf. Ihre Gestalten werden von blühenden Apfelzweigen verdeckt, die sie vor sich hertragen.
O Gott, wie schön! *Sie weint laut auf.*
BERNHARDT Helge, wo warst du?
ASTRID Zweige brechen.

XXVI.

Festland. Wege am Meer.
Bernhardt, Huberta, Astrid, Helge, Werner – alle mit Apfel-
blütenzweigen – treten auf. Pelle, Hasse, Stig, Lennart unter
Natascha Meiderdorfs Führung kommen ihnen entgegen.

NATASCHA Der ganze Ödipuskomplex kehrt von einem Morgenspaziergang zurück.
BERNHARDT Und das delphische Orakel begibt sich auf Kneipptour.
PELLE Guten Morgen, Helge. Wie geht's, wie steht's? Entschuldigung! Ein feiner Kerl, wie Sie!
NATASCHA Die schönen Apfelblüten!
LENNART Die schönen Apfelblüten! Es ist sozusagen eine reine Pracht. Guten Morgen, alle zusammen. Guten Morgen, Herr Silberfängerlinger. Lennart, halt deinen Mund! Lennart, geh jetzt! *Er geht.*
HASSE Guten Morgen, Herr Silberfänger.
BERNHARDT Guten Morgen, Hasse.
PELLE Aber warum denn nicht? Ein feiner Kerl, wie Sie, Helge! Ich meine doch nur. Ich will gar nichts. Verzeihung!
HASSE Herr Silberfänger, wie geht es Ihnen?
BERNHARDT Mir geht es gut. Und dir?
HASSE Mir geht es auch gut. Was soll ich tun, daß ich aus der Irrenanstalt komme?
BERNHARDT Du bist in keiner Irrenanstalt.
HASSE Ich will heim.
BERNHARDT Sobald es dir besser geht, kommst du heim.
HASSE Es wird mir nie besser gehen.
BERNHARDT Warum denn, Hasse?
HASSE Weil ich schwach bin; wenn ich es nur fertig brächte, Ihnen einen Morgen im Kuhstall zu helfen, dann hätte ich meine Schwäche überwunden. Ich brauche nur ein bißchen Kraft. Woher werde ich dieses bißchen Kraft bekommen? Sagen Sie es mir doch, Herr Silberfänger!

PELLE Ich habe gar nichts gemacht, Fräulein Meierdorf. Ich werde wohl noch Helge guten Morgen sagen dürfen. Entschuldigung. Nachher, Helge. Bestimmt! Verzeihen Sie!
BERNHARDT Die Kraft, Hasse... die Kraft... Was weiß ich, woher die Kraft kommt, Hasse!
PELLE Ich lasse mir das nicht länger gefallen, Herr Silberfänger!
NATASCHA Pelle, mein lieber Pelle, beruhige dich doch!
PELLE Nicht, Helge, nur so? Verzeihung natürlich! Sie werden sehen, Helge. Das macht nichts, das ist doch lächerlich. Verzeihung sowieso!
HUBERTA Auf Wiedersehen! Bernhardt, Werner, Helge, Astrid, kommt doch!
PELLE Auf Wiedersehen. Verzeihen Sie! Ich warne Sie! *Er zupft Bernhardt an den Kleidern.* Sie werden schon sehen. So ein feiner Kerl, wie Sie, Helge! Das macht doch nichts! *Er erregt sich mehr und mehr.* Ich bin auch noch da! Ich habe gar nichts gewollt. Muß man mir denn ewig alles nachtragen! So kann das nicht weitergehen! *Er beißt sich in die Hand.*
Huberta, Bernhardt, Astrid, Helge, Werner schnell ab

XXVII.

Schimmings Hof. Nachmittags. Tanz hinter der Szene.
Helges Mutter bindet einen Mittsommernachtskranz. Bernhardt kommt.

BERNHARDT Darf ich Ihnen helfen?
HELGES MUTTER Sie können mir die Sträußchen binden, die ich in den Mittsommernachtskranz flechte. Kommen Sie heute abend bei uns auf der Tenne tanzen?
BERNHARDT Sie können so sicher auf mich rechnen wie auf den Tod. Wenn ich bis ans Ende der Welt geflohen wäre – zum Tanz auf Helges Hof käme ich zurück.

HELGES MUTTER Die ganze Gegend schwärmt von Ihren Tangos und English Waltzes. Sie müssen mir einen Tanz versprechen!
BERNHARDT Ich tanze nur gut, wenn ich verzweifelt bin.
HELGES MUTTER Und werden Sie heute abend verzweifelt sein?
BERNHARDT Ich verspreche Ihnen, mein Möglichstes zu tun.
HELGES MUTTER Was macht der Ödipus?
BERNHARDT Er hinkt.
HELGES MUTTER Ich habe gehört, Ihre Mutter wird aus Österreich zu Besuch kommen?
BERNHARDT Sie haben richtig gehört.
HELGES MUTTER Kommt sie als Zuschauerin oder als Actrice?
BERNHARDT Als Actrice? Welche Rolle sollte sie denn spielen?
HELGES MUTTER Jokaste vielleicht.
BERNHARDT Warum nicht Hamlets Mutter oder Klythemnästra?
HELGES MUTTER Sie sind bösartig. Oder wollen Sie sich wirklich nach den Kadmäern mit den Atriden auseinandersetzen?
BERNHARDT In der einen Vorstellung mit der Mutter schlafen, in der anderen die Mutter umbringen? Nein, Helsingør liegt näher als Mykene.
HELGES MUTTER Warum inszenieren Sie dann nicht Hamlet?
BERNHARDT Weil ich den Ödipus spielen will, solange ich denken kann. Ödipus will wissen; auch ich will wissen!
HELGES MUTTER Wollen auch Sie sich, wie Ödipus, vor Wissen blenden müssen?
BERNHARDT Die Geschichte mit dem Vater läßt mich nicht mehr los.
HELGES MUTTER Sie haben Ihren Vater nicht gekannt?
BERNHARDT Es handelt sich nicht um meinen Vater. Es handelt sich um Pelles Vater.
HELGES MUTTER Wer ist Pelle?

BERNHARDT Sie kennen Pelle nicht? Es ist der Junge, der sich immer entschuldigt, der mit dem Lächeln der Seligen jedweden Jungen in die Büsche begleitet. Man sagt, er sei krank. Das, was er zu tun meint, tut er nicht. Das, was er tut, meint er nicht zu tun. Er ist wie ein Blinder auf einer Säule. Vielleicht ist sein Vater daran schuld.

HELGES MUTTER Und welchen Zusammenhang hat das alles mit Ödipus?

BERNHARDT Der Vater des Ödipus – Lajos... Doch das führt zu weit. Ich will Sie nicht mit psychoanalytischen Scharaden langweilen. Reden wir offen miteinander!

HELGES MUTTER Ja! Was treiben Sie mit Helge?

BERNHARDT Offen also! Ich liebe ihn, ich habe ein Verhältnis mit ihm, ich verführe ihn, ich mißbrauche ihn, ich bin sein Freund, ich bin von ihm abhängig.

HELGES MUTTER Warum?

BERNHARDT Zu Anfang bewunderte ich Helges wohlfunktionierenden Körper, dann verliebte ich mich in die Gutmütigkeit, mit der er über den Reichtum – den ich seit je entbehrt hatte – verfügte, schließlich...

HELGES MUTTER Ich erwarte keine Geständnisse von Ihnen. Er ist mein Sohn! Was bindet Sie an ihn Besonderes?

BERNHARDT Das, was ich aus ihm machen könnte.

HELGES MUTTER Sie fassen Ihre Freundschaft als Inszenierung auf?

BERNHARDT Helge und Ödipus sind ineinander verflochten.

HELGES MUTTER Empfindet er wie Sie?

BERNHARDT Seine Unentschiedenheit wirkt oft wie ein Anerbieten.

HELGES MUTTER Wie soll ich mich Ihnen verständlich machen? Ich will mich nicht zwischen Sie und meinen Sohn drängen. Aber mein Schweigen wird von Tag zu Tag doppeldeutiger.

BERNHARDT Ich bewundere Sie. Sie ersparen Helge viel Wirrsal. Ich beschwere ihn schon genug. Hätte meine Mutter gehandelt wie Sie!

HELGES MUTTER Sie dürfen ihn nicht zerstören.

BERNHARDT Wer fragt, ob ich zerstört werde?
HELGES MUTTER Sie, Sie suchen selbst Ihre Zerstörung, um sich zu erneuern. Aber Sie dürfen keinen Pelle aus Helge machen!
BERNHARDT Nein, nein! Ich darf keinen Pelle aus Helge machen!

XXVIII.

Meer. Nacht.
Helge, Bernhardt.
Helge liegt ausgestreckt. Bernhardt hockt neben ihm.

BERNHARDT Helge, du hast dich sehr verändert.
Ich habe nächtelang neben dir gehockt und beobachtet, wie du langsam härter wurdest – starrer.
Als ich dich kennenlernte, warst du ein kleiner Junge, der sein Glied zwischen die Blätter eines unanständigen Journals preßte. Jetzt ist dein Geschlecht kein Gemisch mehr von Milch und Mandeln.
Du bist ein Mann geworden: Ekel oder Raub, das ist eingeteilt. Unsre unentschiedenen Jungenspiele müssen aufhören.
Leg dich etwas höher. Es ist Flut. Das Wasser spült den Tang über unsre Füße. Wenn meine Hände auf deinem Körper liegen, denke ich an die Vorstädte, wo ich als Junge spielte.
Ich fühle das kleine Fell auf deiner Brust, und ich ahne, wie es sich ausbreiten wird, bis es von einer Achselhöhle zur andren reicht.
Ich erinnere mich noch an deinen unbehaarten Brustkorb.
Brustkorb – Fruchtkorb.
Ich hätte hineindringen wollen und mit den Fingern über die Trauben der Lunge gleiten.

Ich müßte dich jetzt in Ruhe lassen, ich weiß. Noch ekelst du dich nur mäßig, und ich kann mich noch zurückziehen, ohne Haut zu lassen.
Helge, ekelst du dich schon? Noch ekelst du dich nicht, Helge, nicht, nicht.
Laß mich noch ein bißchen in deiner Wärme hocken und sehen, wie unser Traum langsam von deinem Gesicht geweht wird.
Weißt du, Helge, ich hatte geglaubt, weil ich doch bereit bin, alles für dich zu tun, dir alles mitzuteilen, was ich weiß, mein ganzes Wesen... aber das ist eben falsch! Ich irrte mich. Ich hatte fälschlich angenommen, daß wir zusammenbleiben müßten, mit Haut und Haaren und eine Reise um die Welt antreten.
Laß uns noch einmal Nöck und Einhorn spielen. Dies eine Mal noch, Helge.
Warum willst du nicht? Du hast mich doch früher geduldet. Eine Hand, ein Mund sind doch namenlos. Denk an Astrid dabei, wenn es dir dann leichter fällt.
Dieses eine Mal noch am Meer!
Du bist gut.
Diese eine Nacht wirst du ganz für mich da sein!
Wir lügen nicht mehr. Wir lügen nicht.
Jetzt habe ich dich doch gewonnen.
Jetzt bist du mein Freund, ganz du mein einziger, ich ganz dein einziger Freund.
Mit dieser Liebkosung meinst du mich, ich weiß!

XXIX.

Stockholm. Frühmorgens. Regen.
Bernhardt und seine Mutter mit Schirmen

BERNHARDT Das ist das Schloß.
MUTTER O Bernhardt, wie ist Stockholm schön!
BERNHARDT Komm, Mutti, wir wandeln die Freitreppe hinauf. *Er faßt die Hand seiner Mutter und hebt zeremoniös ihren Arm.* Frödrich der Verhuschte und Königin Johanna Expectata bei ihrem Einzug in das Schloß von Stockholm.
MUTTER Die Stadt schläft noch. Die Straßen sind menschenleer. Bernhardt, ganz Stockholm gehört uns allein. Geh nicht weiter in den Schloßhof vor, ich geniere mich. Du hast deiner Mutter noch gar keinen Kuß zur Begrüßung gegeben. *Sie umarmen sich umständlich, die Regenschirme in der Hand.* Warum läßt du dir diesen entsetzlichen Bart stehen?
BERNHARDT Ich spiele König Ödipus.
MUTTER Du schriebst mir davon. Bist du immer noch in diesen entsetzlichen griechischen Tragödien verhaftet?
BERNHARDT Ich bin mit meinem entsetzlichen Bart in den entsetzlichen Tragödien verhaftet.
MUTTER Schon als du zehn Jahre alt warst, übtest du dir den Orest ein.
BERNHARDT Schon als ich zehn Jahre alt war, beklagtest du dich darüber.
MUTTER Was hätte ich tun sollen?
BERNHARDT Das ist die Jakobskirche.
MUTTER Das ist also die Jakobskirche.
BERNHARDT Vor ein paar Monaten habe ich hier die ›Missa Pange Lingua‹ von Josquin des Prés gehört.
MUTTER In Begleitung?
BERNHARDT Ja.
MUTTER Wer war es? Ein junger Mann?

BERNHARDT Du hast es erraten. Er heißt Helge.

MUTTER Wie geht es dir gesundheitlich? Wir haben uns so lange nicht gesehen.

BERNHARDT Mir geht es ausgezeichnet. Ich melke, striegle, unterweise, pflüge, egge, pflanze, hüte, pflege, lerne Griechisch, treibe Psychologie und inszeniere den Ödipus.

MUTTER Dein Lebenswandel macht mir Sorgen. Kommst du wenigstens im Studium der Anthroposophie voran?

BERNHARDT Ich studiere die Anthroposophen; das reicht mir. Dort ist die schwedische Akademie.

MUTTER Schade nur, daß es regnet. Was für ein Urteil zeitigt dein Studium der Anthroposophen?

BERNHARDT Ich halte sie für vage und dürr.

MUTTER Du bist selbst vage und dürr. Du lebst an der Nachtschattenseite des Lebens. Ich Närrin, ich dachte, du suchtest in dem schwedischen Heim ein tieferes Erkennen. Du bist geblieben, wie du seit jeher warst: seicht und blind.

BERNHARDT Das ist der schwedische Reichstag. Eine lateinische Inschrift im Giebelfeld.

MUTTER Es ist ärgerlich, stundenlang im Regen herumzuwaten.

BERNHARDT Ich werde ein Taxi rufen. Wir kutschieren von einer Sehenswürdigkeit zur andren.

MUTTER Und wer soll das bezahlen? Glaubst du, ich bin ein Krösus?

BERNHARDT Krösus, Krösus, Krösus! Das ist lustig. Dort drüben liegt der Gyllene Freden, eines der vornehmsten Restaurants Stockholms. Es besteht seit dem achtzehnten Jahrhundert. Der berühmte Dichter Bellmann verkehrte da: Jag är nöjd av hjärtans grund. Nota bene blott en stund! Ich hätte dich zum Taxifahren eingeladen.

MUTTER Spar dein Geld, daß ich nicht jedesmal einspringen muß, wenn du etwas Wichtigeres zu bezahlen hast...

BERNHARDT Könnte es etwas Wichtigeres für mich geben, als mit meiner Mutti durch Stockholm zu fahren – im Regen!

MUTTER Wie galant zu sein du verstehst. – Wie beurteilst du die Anthroposophen wirklich?
BERNHARDT Ich halte sie für vage und dürr. Ich sagte es schon!
MUTTER Und ich halte dich für seicht und blind.
BERNHARDT Du sagtest es ebenfalls. Wenn du mich nicht gezwungen hättest, morgens, mittags und abends anthroposophische Sprüche zu beten, wäre ich vielleicht weniger blind.
MUTTER Wenn du dich nicht in Kaschemmen und Pissoirs herumgetrieben hättest, wäre ich nicht gezwungen gewesen, dich durch geistliche Sprüche zu beeinflussen.
BERNHARDT Du hast mir verheimlicht, wenn meine Freunde anriefen. Du warst eifersüchtig.
MUTTER Deine Freunde! Rufius Therese Schleifwind, der alte Mann, der kleine Jungen in große Flaschen pinkeln ließ. Hormone, Genitalien, Schlamm, Schlamm, das waren deine Freundschaften.
BERNHARDT Du versuchtest nie, mich zu verstehen.
MUTTER Du verließest mich mehr und mehr.
BERNHARDT Du zwangst mich, in Eurhythmievorstellungen zu gehen.
MUTTER Du hörtest mehr auf Rufius als auf mich. Er hat dir den Glauben an höhere Wesenheiten zerstört. Er hat in dir die widernatürlichen Neigungen geweckt.
BERNHARDT Lajos, Lajos!
MUTTER Was meinst du?
BERNHARDT Kennst du Lajos, Mutti?
MUTTER Natürlich kenne ich Lajos. Er ist der Vater des Ödipus.
BERNHARDT Genau!
MUTTER Ich verstehe, du spielst auf deinen Vater an. Ödipus – Lajos. Dein Vater! Du bist wie er! Wie er! Du hast mich betrogen: Du hast mir weisgemacht, nach Schweden zu gehen, um dich mit dem Göttlichen auseinanderzusetzen. Du bist hier, um deinen Vater zu suchen!
BERNHARDT Das ist nicht wahr!

MUTTER Dein Vater hat mir das Schlimmste angetan, was ein Mann einer Frau antun kann. Er hat mich geschändet und verlassen. Du, mein Sohn Bernhardt, du bist nach Schweden gegangen, um ihn zu sehen. Du bist ihm vielleicht begegnet.

BERNHARDT Nein, Mutti, ich liebe nur dich! Als ich klein war, hielt ich dich für eine Königin. Ich wollte sein wie du! Ich wollte nur du sein! Nein! Nein!

MUTTER Taxi! Taxi! *Sie laufen hintereinander ab.*

XXX.

Tenne auf Schimmings Hof.
Später Abend. Wind. Halbdunkel.
Bernhardt späht durch eine Ritze nach draußen. Astrid, im Regenmantel, tritt ein.

BERNHARDT Helge?

ASTRID Bernhardt! Du bist hier, Bernhardt! *Pause* Was suchst du hier um diese Zeit?

BERNHARDT Ich habe mich vor dem Regen untergestellt.

ASTRID Wo kommst du her?

BERNHARDT Von einem Spaziergang.

ASTRID Es regnet seit drei Stunden.

BERNHARDT Ich warte auf jemanden.

ASTRID Hier?

BERNHARDT Ich habe eine Verabredung.

ASTRID Mit wem?

BERNHARDT Mit Helge.

ASTRID Helge liegt im Bett. Er hat eure Verabredung vergessen.

BERNHARDT Woher weißt du das?

ASTRID Weil ich aus Helges Bett komme. Er hat mich angefleht, die Nacht mit ihm zu verbringen. *Pause*

BERNHARDT Was suchst du hier?

ASTRID Ich will warten, bis der Regen vorübergeht.

BERNHARDT Hier steht noch Gerümpel von der letzten Tanzparty. Bänke, Papierschlangen, das Grammophon, Schallplatten, ein Taschentuch.

ASTRID Ich erinnere mich.

BERNHARDT Du warst dabei?

ASTRID Ja, ich war kurz dabei. *Pause* Bald bist du am Ziel deiner Wünsche, Ödipus. In einer Woche findet die Festvorstellung statt. Du brauchtest Jokaste dringender als eine Geliebte. Jokaste hast du erhalten. *Sie geht.*

BERNHARDT Astrid.

ASTRID Was willst du?

BERNHARDT Ich... Nein...

ASTRID Ich verstehe dich nicht.

BERNHARDT Nein, Astrid, nichts! Nichts!

ASTRID Beruhige dich! Komm, setzen wir uns. Leg deinen Kopf auf meine Schulter. Ich will dir wie eine Mutter das Haar streicheln.

BERNHARDT Freud hat doch nicht recht!

ASTRID Nein, Freud hat Unrecht.

BERNHARDT Ich will! Ich will! Ich will!

ASTRID Was willst du?

BERNHARDT Was ich will!

ASTRID Du hast eine griechische Tragödie mit deutschen Anthroposophen in einem schwedischen Heim vor minderjährigen Deppen einstudieren wollen. Du hast es erreicht. Du erreichst alles, was du willst.

BERNHARDT Ist das wahr?

ASTRID Ja!

BERNHARDT Ich könnte also auch wollen, nichts zu wollen? Ich könnte wollen, willenlos zu leben, wie alle andren?

ASTRID Vergiß, was du willst. Warte mit mir zusammen, daß der Regen vorüberzieht. Ruh dich aus neben mir. Ein Mal nur, nur diese Nacht.

BERNHARDT Wenn ich meinen Willen vergesse, dann kann ich es nicht. Freud hat nicht recht, sagst du?

ASTRID Nein.
BERNHARDT Ich will... Ich will mit dir diese Nacht liegen unter den Schindeln, auf die der Regen tropft. Ich will deinen Leib ausfüllen, wie ein Mann eine Frau. Ich will!
ASTRID Ich brauche es nicht einmal zu wollen.
Sie legen sich zueinander.
BERNHARDT Meine Jokaste!
Die Scheunentür geht auf. Helges Silhouette wird sichtbar. Sie nehmen ihn nicht wahr.

XXXI.

Bernhardts Studierzimmer.
Bernhardt und Astrid stehen sich wortlos gegenüber.

ASTRID »Mich ängstet's!« Nein, das ist nicht das Richtige.
BERNHARDT Astrid...
ASTRID »Bei Göttern, nein! bist du besorgt ums Leben,
  So suche nicht. Genug erkrankt bin ich.« *Pause*
BERNHARDT »Sei gutes Muts! käm ich von dreien Müttern
  Dreifach ein Knecht, es machte dich nicht schlimmer.«
ASTRID »Doch, folge mir, ich bitte, tu es nicht!«
BERNHARDT »Ich kann nicht, muß genau es noch erfahren.«
ASTRID »Ich mein es gut und sage dir das Beste.«
BERNHARDT Ich habe es gut gemeint. Ich habe dir gesagt...
ASTRID »Dies Beste doch, es quälet mich schon lange.«
  mußt du jetzt sagen.
BERNHARDT »Dies Beste doch, es quälet mich schon lange.«
ASTRID »O Armer, wüßtest nie du, wer du bist!«
BERNHARDT »Wird einer gehn und mir den Hirten bringen?
  Laßt diese sich am reichen Stamm erfreun!«
ASTRID »Weh! weh! Unglücklicher! dies eine kann ich
  Zu dir noch sagen, andres nun und nimmer!«

BERNHARDT »Was soll, das breche. Mein Geschlecht will ich,
 Sei's auch gering, doch will ich es erfahren.
 Denn dies ist meine Mutter. Und klein und groß
 Umfingen mich die mitgebornen Monde.
 Und so erzeugt, will ich nicht ausgehn, so,
 So daß ich nicht, ganz, was ich bin, ausforschte.«
ASTRID Es heißt: »Wes ich bin, ausforschte.«
BERNHARDT »...denn dies ist meine Mutter...denn dies ist
 meine Mutter...«
Er stürzt davon.
ASTRID Bernhardt! Ich liebe dich wie zuvor.

XXXII.

Kuhstall auf Håknäss

BERNHARDT *melkend* »Ein Mann beim Mahle, voll von Trunkenheit,
 Sagt mir beim Wein, ich sei unecht dem Vater,
 Und ich, erzürnt, den gegenwärtigen Tag
 Kaum aushielt; doch am andern ging ich hin
 Zur Mutter und zum Vater, fragte drüber.
 Unwillig trugen die den Schimpf von dem,
 Dem dieses Wort entgangen. Das erfreute
 An ihnen mich. Doch stach mich dieses immer.
 Denn vieles war dahinter. Und geheim
 Vor Vater und vor Mutter reis ich weg
 Nach Pytho. Mir verachtet Phöbos das,
 Warum ich kam, und schickt mich weg, und anders
 Mühsame, Große, Unglückliche zeigt
 Er mir und sagt, ich müßte mit der Mutter
 Vermischet sein und, Menschen unerträglich
 Zu schauen, ein Geschlecht erzeugen; auch der Mörder

Des Vaters sein, der mich gepflanzet hätte.
Da ich's gehört, durchmessend unter Sternen
Zuletzt den Boden von Korinth, entfloh ich,
Damit ich nie daselbst von meiner bösen
Orakelfrage schauete die Schande.
Gewandert aber komm ich in die Gegend,
Wo umgebracht der Herr ist, wie du sagst.
Auch dir, o Weib! nun Wahres sag ich, daß
Ich nahe wandelt auf den Dreiweg, wo
Der Herold und auf einem Füllenwagen
Ein Mann herfahrend, wie du mir berichtet, mir
Begegneten und aus dem Wege mich
Der Führer und der Alte mit Gewalt trieb.
Ich schlage, wie heran er lenkt, den Fuhrmann
Im Zorn, und wie mich stehen an dem Wagen
Der Alte siehet, zielt' er mitten mir
Aufs Haupt und schlug mich mit dem Doppelstachel.
Ungleich hat er's gebüßt. Denn schnell getroffen
Vom Stabe diese Hände, rücklings wird
Heraus vom Wagen plötzlich er gewälzt.
Ich tötet alle. Wenn der Fremde aber,
Mit Lajos jener irgend was gemein hat,
Wer ist unseliger als unsereiner?
Und welcher Mann den Geistern mehr verhaßt?
Den in der Fremde keiner und kein Städter darf
Einladen in das Haus, ansprechen keiner,
Den man vom Hause treiben muß? und dieser Fluch
Hat keiner sonst als ich mir selbst gestiftet.
Das Ehbett auch des Toten mit den Händen
Befleck ich es, durch die er umkam. Bin ich bös?
Bin ich nicht ganz unrein? Und wenn ich fliehn muß,
Darf auf der Flucht die Meinen ich nicht sehn,
Noch gehn zur Heimat? Oder soll ich sein
Zusammen mit der Mutter gejocht zur Hochzeit...«
*Pelle, Stig, Hasse, Lennart kommen juchzend hinter den
Kühen hervor. Stig fängt an, händeringend auf und ab zu
hüpfen. Lennart geht an das Fenster des Stalles und be-*

ginnt, an die Scheibe zu trommeln. Hasse steht unbeweglich. Pelle geht auf Bernhardt zu und zupft an dessen Kleidern herum.

PELLE »...oder soll ich sein
Zusammen mit der Mutter gejocht zur Hochzeit...«
Entschuldigen Sie. Laß uns doch noch einmal. Nur ein einziges Mal. Verzeihung!
»...oder soll ich sein
Zusammen mit der Mutter gejocht zur Hochzeit...«
Bernhardt stößt den Milcheimer um und rast davon. Hasse, Pelle, Lennart, Stig sehen die vergossene Milch an.
LENNART Herr Silberfängerlinger hat sozusagen die Milch verschüttet. Halt deinen Mund, Lennart!
HASSE Ich bin wieder zu spät zum Melken gekommen.
PELLE Entschuldigen Sie, verzeihen Sie mir doch schließlich. *Er brüllt.* Verzeihung!

XXXIII.

Gyllene Freden.
Bernhardt, Helge, Maitresse d'Hôtel

MAITRESSE D'HOTEL *notiert* Zwei Whisky als Aperitif. Zwei Dutzend Austern. Wieder Wildschweinkeule. Die Weine wie gewöhnlich. *Ab*
HELGE Sie hat uns wiedererkannt.
BERNHARDT Heut wird nach dem Essen keine ›Missa Pange Lingua‹ in der Jakobskyrka gesungen.
HELGE Verzeihung, aber was willst du damit sagen?
BERNHARDT Gar nichts sozusagen. Entschuldige. Ich meinte nur so.
HELGE Warum betrügst du mich mit Astrid? Ich meine, warum betrügt Astrid mich mit dir?

BERNHARDT Ich habe dich nicht... Ich meine, Astrid hat dich nicht mit mir betrogen.
HELGE Ich habe euch in der Scheune zusammen liegen sehen. Du nanntest sie deine Jokaste. Sie sagte: Bernhardt, ich habe dich nie mit Helge betrogen. Unter allen seinen Liebkosungen habe ich nur an dich gedacht. Ich kann mich auf sie werfen. Ich kann sie zerstoßen, wie in einem Mörser. Hinter ihren Lidern bist nur du, Bernhardt.
BERNHARDT Ich kann mich auf dich werfen. Ich kann dich zerstoßen, wie in einem Mörser. Hinter deinen Lidern ist nur Astrid. Aber von so etwas wollten wir doch heute abend nicht sprechen. Wir wollten doch nur ganz nett zusammensein. Ich will gar nichts von dir.
HELGE Du wolltest mich mit Astrid betrügen.
BERNHARDT Entschuldige, lieber Helge, aber das stimmt nicht ganz. Ich habe mich mit Astrid eingelassen, weil sie es, trotz meiner Zurückhaltung, über die Maßen zu wünschen schien, und weil ich meiner Mutter sozusagen – und Freud – Unrecht geben wollte. Aber, Verzeihung, daß ich es ausspreche, aber ich war eigentlich gar nicht im Stande, mit Astrid... ich meine, ich habe gar nichts mit ihr gemacht, Helge. Da kommt schon der Whisky.
Ein Mädchen serviert den Whisky.
MÄDCHEN Der Whisky, die Herren.
BERNHARDT und HELGE Danke schön.
Mädchen ab
BERNHARDT Ich meine, Freud hat also doch schließlich recht. Es ist lustig, aber ich habe mich eben nur geekelt, so tief geekelt.
HELGE Entschuldige, vielleicht darf ich es einmal sagen, auch ich habe mich eben eigentlich fast immer nur mit dir geekelt.
BERNHARDT Selbstverständlich.
HELGE Da kommen auch schon die Austern.
Mädchen kommt mit den Austern.
MÄDCHEN Die Austern, die Herren. Ist es recht so?
HELGE Nein.

BERNHARDT Ausgezeichnet.
Mädchen serviert die Austern und geht ab.
Das wird uns schmecken. Guten Appetit.
HELGE Guten Appetit, Bernhardt.
Sie beginnen zu essen.
BERNHARDT Nein, es ist nicht wahr! Ich liebe dich doch! Ich! Dich! Dich! Ich bin wie ich bin, seit meiner Geburt, wie ein Stein, ein Stein ist! Ich bin kein Hampelmann mit einem Bindfaden zwischen den Beinen. Unsere Liebe ist das Schönste, was es auf der ganzen Welt gibt. Wir beide sind ganz, ganz... Wir lachen Gott ins Gesicht. Verzeihung, aber ich glaube wirklich, daß Freud Unrecht haben könnte. Entschuldige, aber möchtest du nicht ein bißchen was tun, damit ich nicht ganz kaputtgehe?
HELGE Was soll ich denn tun?
BERNHARDT Wenn du mich vielleicht etwas lieben möchtest?
HELGE Ich liebe dich doch geistig, genügt das nicht?
BERNHARDT Ich bin wirklich unerhört glücklich, daß du mich geistig liebst...
HELGE Ich verstehe dich ziemlich. Wenn ich dich geistig liebe, genügt das aber nicht.
BERNHARDT Entschuldige, aber es genügt nicht, Verzeihung.
HELGE Dann kann ich da wohl auch nichts ändern.
BERNHARDT Würde es dir sehr viel ausmachen, wenn du heute nacht zu mir kämest? Es ist wegen der Erkenntnis, glaube mir.
HELGE Ich möchte lieber ein bißchen weniger erkennen.
BERNHARDT Du kannst nichts dafür, aber es ist dir Wurst, was mit mir wird.
HELGE Ich verstehe schon, was du meinst. Ich sehe doch, wie deine Knie zittern und wie du mit den Händen hin- und herzappelst.
BERNHARDT So komm doch.
HELGE Ich mag nicht kommen.
BERNHARDT Es ist eine furchtbare Qual, sozusagen, Verzeihung.

HELGE Es tut mir genauso weh wie dir.
Bernhardt nimmt ein Messer in die Hand.
Was soll das Messer? *Pause*
BERNHARDT Ich kann mich auch kastrieren.
HELGE Was soll das?! Die Verantwortung kann ich nicht auf mich nehmen.
BERNHARDT »O Licht! zum letztenmal seh ich dich nun!« *Er stürzt davon.*
HELGE Und wer bezahlt das alles? *Er sieht sich um und läuft weg.*
MAITRESSE D'HOTEL *kommt mit der Wildschweinkeule* Zechpreller.

XXXIV.

Eine Pension. Das Zimmer von Bernhardts Mutter. Nachts. Dunkel.
Bernhardts Mutter im Bett

BERNHARDT *hinter der Tür* Mutti, mach auf!
MUTTER Wer ist da?
BERNHARDT Ich, Bernhardt!
MUTTER Was willst du um diese Zeit?
BERNHARDT Mach auf oder ich drücke die Tür ein.
MUTTER Bist du verrückt geworden?
Bernhardt öffnet die Tür mit Gewalt. Die Mutter springt aus dem Bett und knipst das Licht an. Beide stehen sich gegenüber. Bernhardt hat das Messer in der Hand.
Was willst du mit dem Messer in der Hand?
BERNHARDT Bleib ruhig, Mutti. Du brauchst vor dem Messer keine Angst zu haben. Ich will nur einige Auskünfte. Wenn du mir diese Auskünfte gibst, brauchst du keine Angst zu haben.
MUTTER Bist du besessen?

BERNHARDT Ja, ich bin besessen. Bleib, wo du bist und sieh mich an!

MUTTER Mir ist kalt. Kann ich mir nicht den Morgenrock überziehen?

BERNHARDT Bleib, wo du bist, und sieh mich an. Zitter ein bißchen in der Kälte! Es ist ganz einfach. Es geht schnell vorüber. Ich bin schwul, du weißt. Reg dich nicht auf. Gut. Ich habe einen kleinen Freund. Helge, heißt er. Ich sprach von ihm. Messe, Josquin und so weiter. Ja, deine Erinnerung trügt dich nicht. Er ist aus Gefälligkeit einmal mit mir ins Bett gegangen. – Unterbrich mich nicht! Setz dich, wenn deine Knie wackeln. Ich redete mir ein, in ihm hätte ich den Freund gefunden, auf den ich mein Leben lang gewartet habe. Tatsächlich war ich von ihm enttäuscht. Zwei hübsche Arschbacken sind nicht die Sphären des Kosmos. Halt deinen Mund! Mir ist diese Unterhaltung genauso unangenehm wie dir. Ich werde dich leider noch ein bißchen zwingen müssen, mit mir in den Schlamm hinunterzusteigen. Ach, dein sauberes rosa Nachthemd. Ach, deine eurhythmischen Bewegungen. Das Wahre, das Schöne, das Gute! Ich komme nämlich nicht los von diesen zwei Halbkugeln des Kosmos aus Fleisch. Ich bitte, bettle, bete, mein Opfer aus Schleim zwischen sie hineinschleudern zu dürfen.

MUTTER Du hast dich dem Teufel verschrieben!

BERNHARDT Meine liebe Frau Mutter, lassen Sie Messen für mich singen! Lassen Sie ein psychoanalytisches, ein eurhythmisch-anthroposophisches, ein tragisch-kathartisches, ein hormonal-prostatisches Hochamt für mich zelebrieren! Ich bin also krank. Ich bin das Pendant zu einem gewissen Pelle, den ich im Heim zu pflegen habe.

MUTTER Ich halte es nicht länger aus! Ich halte es nicht länger aus! Ich reise ab! Augenblicklich! Ich werde keinen Tag länger hierbleiben!

BERNHARDT Liebe Mutti, schrei nicht so! Du weckst die Leute auf! Hör mich an. Ein bißchen Geduld für das Stück Wesen, was du aus deinem Unterleib herausgedrückt hast! Ich bin gleich fertig. Setz dich, wenn du es gemütlicher haben willst! Ich sagte, ich hätte versucht, diesen armen, kranken Pelle zu ergründen, – ich wollte die Ursache seiner Krankheit wissen. Es gibt mehrere Erklärungen: Die vom hochheiligen Doktor Rudolf Steiner kennst du besser als ich. Es gibt eine zweite, Ödipuskomplex genannt. Sie stammt von dem tiefteuflischen Doktor Freud und besagt, daß ein Junge, der einmal seine Mutter begehrt hat, nie ein Mädchen begatten kann, sondern schwul wird. Das ist doch lustig, nicht, Mutti?! Und jetzt kannst du deinen Mund aufmachen!

MUTTER Gut! So! Es scheint mir nicht der Augenblick, deinen völlig unpassenden Ton zu rügen, noch...

BERNHARDT Nein, Mutti, es ist nicht der Augenblick. Red zur Sache!

MUTTER Rufius Therese Schleifwind ist schuld. Als du vierzehn warst, hast du ihn kennengelernt. Er hat dich mir entfremdet. Er hat dich gegen deine Mutter aufgebracht. Er suggerierte dir dein Geschick aus dem Satz des Urins. Er hat dir das alles eingeredet.

BERNHARDT Wenn er mir alles eingeredet hätte, müßte ich es mir wieder ausreden können.

MUTTER Es wird Zeit, daß du auf normale Bahnen zurückfindest.

BERNHARDT Ich habe es versucht, aber ich bin ein Hampelmann, dem ein Bindfaden zwischen den Beinen herunterhängt. Doch wir kommen von unserem Thema ab. Freud hat recht!

MUTTER Laß doch den bösen Freud!

BERNHARDT Weich nicht aus. Was haben wir miteinander gemacht, daß ich bin, was ich bin?

MUTTER Nichts.

BERNHARDT Lüg nicht!

MUTTER Worauf du auch kommst.

BERNHARDT Sonntagsmorgens nahmst du mich zu dir in dein warmes Bett. Auch wuschst du dich nackt, und ich sah, wie du dich nackt wuschst. O Mutter, nur du, du! Helges Schenkel, nur du! Nimm mich in deine Arme!

MUTTER Alles das läßt doch nicht deine haarsträubenden Folgerungen zu.
BERNHARDT Ich habe von dir geträumt. Ich sog an deinen Brüsten und besamte deinen Schoß.
MUTTER Ich werde um Hilfe schreien.
BERNHARDT Mutti, ich bin nicht zum Vergnügen hier. Ich habe ein Messer in der Hose und ein Messer in der Hand. Wenn du mich erschrickst, könnte ich mich im Messer täuschen und aus Ödipus würde Orest. *Er legt seinen Kopf in ihren Schoß.*
MUTTER Ach, mein lieber, unglücklicher Junge. Was machst du mir für Sorgen. Was für Verzweiflungen! Glaubst du denn, es wäre leicht für mich gewesen, dich aufzuziehen, ganz alleine? Du warst mir das liebste auf der ganzen Welt. Ich habe dich gehegt, damit dir nur nichts Böses geschähe. – Und jetzt deine Vorwürfe. Habe ich die verdient? Mit Rufius Therese Schleifwind fing es an. Er hat dich gegen mich aufgehetzt. Er hat dir den rechten Glauben zerstört. Du bist nach Schweden gefahren, nicht um die Anthroposophie kennenzulernen, sondern... Dein Vater hat all die dreiundzwanzig Jahre deines Lebens nichts von sich hören lassen. Ich habe dich großgezogen. Dein Vater...
BERNHARDT *springt auf* Vater? Wer spricht von Vater? Freud spricht nicht von Vater oder doch? Ich habe meinen Vater nicht umgebracht!
MUTTER Was redest du für Unsinn?!
BERNHARDT Klythemnästra hat Orests Vater umgebracht. Hamlets Mutter hat Hamlets Vater umgebracht. Was hast du mit meinem Vater gemacht?
MUTTER Ich? Mit deinem Vater?
BERNHARDT Du hast ihn umgebracht!
MUTTER Ich lache! Ich lache! Er hat mich geschändet und floh weg nach Schweden!
BERNHARDT Arme Mutti! Arme geschändete Mutti! Mutti, meine Königin! Ich wollte sein wie du, und du warst geschändet. Wie hätte ich dir nur diese Schändung ersparen können? Mutti, um dir's zu ersparen, hätte ich mich an

deiner Statt von ihm schänden lassen. Wäre das nicht die Lösung? Geschändet hat er dich? Ich werde dich rächen! Ich werde ihn wieder schänden! Ich werde ihn schänden, wie er dich geschändet hat! Wenn er sich noch so sehr verschanzt, mit List und Tücke, mit Gewalt werde ich ihm die Schändung beibringen, die er dir zugefügt hat! Für dich will ich ihn töten. Als ich mit Helge schlief, wollte ich Vater für dich töten. Du bist schuld! Gott! Gott! Als mir Rufius Therese Schleifwind erzählte, ich sei schwul, wurde ich Atheist. Gott ist auf Lajos eifersüchtig. Meine Sehnsüchte – Verkleidungen! Er hat dich geschändet! Ich bin das Kind dieser Schändung. Du haßt mich wie ihn! Du willst dich durch mich an ihm rächen! Ödipus will seinen Vater nicht töten, er sucht ihn! Ich suche meinen Vater! Was hast du mit meinem Vater gemacht? Wo ist mein Vater? Helge weigert sich. Ich werde ihn nie wiederfinden! Wo ist mein Vater, Mutti?

MUTTER Ich weiß es nicht. Ich habe ihn seit dreiundzwanzig Jahren nicht gesehen. Ich habe ihn ausgerottet in mir!

BERNHARDT Du hast ihn ausgerottet in mir! Gib mir seine Adresse!

MUTTER Ich kenne seine Anschrift nicht.

BERNHARDT Sag mir, wie ich ihn finden kann!

MUTTER Nein!

BERNHARDT Deine Liebe zieht mich weg von Vater und Gott! Sprich mir von ihm!

MUTTER Nein, und wenn du mich tötest, ich spreche dir nicht von ihm.

BERNHARDT Er könnte mich retten!

MUTTER Ein verbrauchter, fünfzigjähriger Mann, mit schütteren Haaren, der dich nicht einmal erkennen würde?
Bernhardt wirft das Messer fort und geht langsam zur Tür.
Ich will deinen Nachforschungen nicht im Wege stehen. Ich reise morgen mit dem Frühzug. Mein Kind, dein Heim ist bei mir in Wien. Wenn du dich anständig aufführst, bist du trotz alledem jederzeit dort willkommen.
Bernhardt stürzt davon.

XXXV.

Saal des Heimes.
Balthasar und Ludmila Hapf, Natascha Meierdorf, Werner,
Huberta, Astrid, Werners Frau, zwei Pfleger. Werner und
Astrid in griechischem Kostüm

NATASCHA Zehn Minuten nach acht. Bernhardt Silberfänger ist noch nicht hier.
LUDMILA Ich habe ihm gesagt, daß er pünktlich sein möchte.
HAPF Wir sehen uns genötigt, seinetwegen eine Sonderkonferenz einzuberufen, ich warte damit, bis seine Mutter abgereist ist – aus Rücksicht auf ihn –, und nun kommt er auch noch zu spät.
LUDMILA Fräulein Astrid, Sie wissen doch sicher, wo er steckt, möchten Sie ihn nicht holen?
ASTRID Wieso ich? Ich habe nichts mit Herrn Silberfänger zu schaffen.
HAPF Lassen Sie nur. Wir erledigen inzwischen die Rundfragen. Werner Müller, gibt es etwas Besonderes in Ihrer Tischlerwerkstatt?
WERNER In den letzten Tagen war es recht schwierig mit den Jungen.
HAPF Wir dürfen nicht vergessen, Herr Müller, wir befinden uns in einem Saturnjahr.
LUDMILA Gestern und vorgestern waren die Konstellationen besonders spannungsvoll.
NATASCHA Das haben wir alle zu spüren bekommen.
HAPF Sonst nichts, Herr Müller?
WERNER Nein.
HAPF Frau Müller?
FRAU MÜLLER Ich möchte gern wissen, wann der Ödipus aufgeführt wird. Die Aura unserer Familie fängt an, unter der Beschäftigung mit diesem Thema zu leiden.
HAPF Sobald Bernhardt Silberfänger gekommen ist, wer-

den wir uns alle gemeinsam eine Entscheidung darüber erarbeiten. Natascha?
NATASCHA Ich habe Ihnen bereits mitgeteilt, was mir so große Kümmernis bereitet.
HAPF Ja, ja.
NATASCHA Pelle sollte vielleicht wieder Schwefelbäder bekommen.
LUDMILA Und Meteoreisen.
HAPF Über diese medikamentösen Probleme laßt uns ein andres Mal ratschlagen. Herr Wunsel?
ERSTER PFLEGER Ich wollte nur sagen, ich habe die Hirschblasen noch nicht bekommen können.
HAPF Gut. Ich werde mich an meine Bekannten in Norwegen wenden. Herr Nallén?
Zweiter Pfleger schüttelt den Kopf.
Fräulein Astrid?
ASTRID Nein, mit mir ist nichts Besonderes.
HAPF Ich muß Ihnen ein Lob aussprechen. Die Mahlzeiten sind in letzter Zeit immer zur rechten Stunde fertig.
NATASCHA Wirklich, Sie haben sich gebessert, Fräulein Astrid.
Astrid will heftig etwas entgegnen. Sie zuckt die Achseln und schweigt.
HAPF Und Huberta? Was ist mir unsrer Geistkämpferin Huberta?
LUDMILA Sie hat in der letzten Woche den Kräutergarten zuendegepflanzt.
HAPF Und die Präparate sind auf die Felder gesprüht?
HUBERTA Ja, Herr Direktor Hapf.
HAPF Fühlen Sie sich wohl in Ihrer Arbeit, Huberta?
HUBERTA Herr Direktor Hapf, ich bin überglücklich, wenn ich nur etwas Erde in die Hand nehmen darf.
Bernhardt tritt ein. Er ist zum Ödipus gekleidet. Sein Gesicht ist voller roter Schminke, die Blendung andeutend. Alle schreien vor Schreck auf.
BERNHARDT Ich bitte um Entschuldigung. Ich hatte nicht die Zeit, mich abzuschminken.

HAPF Herr Silberfänger, ich hatte Ihnen mitgeteilt, daß Ihretwegen eine Sonderkonferenz einberufen werden würde. Aus Rücksicht Ihnen gegenüber habe ich gewartet, bis Ihre Mutter abgereist ist. Sie hätten pünktlich erscheinen können.

NATASCHA Ja.

HAPF Man hat mich also zu dieser Sonderkonferenz gedrängt. Ich selbst bin nicht kleinlich und kümmere mich nicht um das Privatleben meiner Mitarbeiter.

LUDMILA Balthasar!

HAPF Natascha und Ludmila, ihr erklärt am besten selbst, was ihr Herrn Silberfänger vorwerft.

NATASCHA Ich persönlich werfe ihm gar nichts vor. Ich finde Herrn Silberfänger einen sehr einnehmenden jungen Mann. Aber wir befinden uns in einem heilpädagogischen Heim. Ich frage: Kann man hier mit ausgestochenen Augen herumgehen? König Ödipus ist ein Einweihungsspiel. Ein Einweihungsspiel bedarf einer Mysterienstätte und eines Mysten. Herr Silberfänger ist kein Myste. Die ausgestochenen Augen sind das Sinnbild für tiefe, tiefe, tiefe Wahrheiten. Sehen Sie Herrn Silberfänger an: Rote Schminke in den Augen und auf den Bakken, das ist die Frucht seiner Initiationen. Allein Doktor Rudolf Steiner kann den Weg zu einer gültigen Interpretation des Ödipus weisen. Ödipus nicht auf ätzende, analytische, zerrüttende Art, sondern anthroposophisch, eurhythmisch.

LUDMILA Hast du geendet, liebe Natascha?

NATASCHA Ich habe meinen Worten, die der einzig rechten Geisteswissenschaft entspringen, nichts hinzuzufügen.

LUDMILA Herr Silberfänger, ich muß ein andres Blatt in der Akashachronik aufschlagen. Ich schätze Sie sehr, aber Ihre – welches Wort soll ich nur wählen – Ihre Beziehungen zur Küche fangen an, sich zersetzend auf unsere Heilarbeit auszuwirken. Herr Silberfänger, Ihre Lebensauffassung ist zu mondän.

Helge öffnet die Tür des Saales. Huberta winkt ihm zu.

Helge schließt die Tür. Astrid steht auf und geht quer durch den Raum ab.

HAPF Es scheint, als wartetet ihr alle darauf, daß auch ich mein Wort zu dieser Fügung des Schicksals, die Herr Silberfänger verkörpert, spreche. Wir suchen ja alle die Wahrheit, und Herr Silberfänger gehört nun eben auch zur Wahrheit mit dazu. Ich habe all das, was hier sichtbar und unsichtbar geschah, wochenlang in mir herumgetragen. Ich habe es geprüft. Ich habe meine niederen Triebe zurückgedämmt. Ich habe versucht, meine Kritiksucht zu vergessen, wiewohl das nicht immer einfach war. Und schließlich ist langsam in mir eine Meinung hervorgewachsen, organisch, wie eine Pflanze. Diese Meinung zu verstehen ist nicht sehr einfach. Es bedarf dazu gewisser Einsichten, die heutzutage selten geworden sind. Wir leben in einer materialistischen Epoche. Das Wissen um Reinkarnation und Karma ist verlorengegangen. Die sogenannten Wissenschaften sind echter Forschung nicht mehr fähig. Die Jugend wächst auf, allein den ahrimanischen Einflüssen des Kosmos ausgesetzt. In unserem Heim beherbergen wir zwanzig Kinder, welche die moderne Lebensauffassung schwer geschädigt hat. Mit Eurhythmie, mit biologisch-dynamischer Landwirtschaft, mit Weleda- und Demetererzeugnissen wollen wir sie heilen. Ich verurteile Sie nicht, Herr Silberfänger. Sie sind auch ein Sucher. Sie bemühen sich auch um viele Dinge. Aber den rechten Weg des Geisteslichts haben Sie noch nicht gefunden. Deshalb muß Ihre Darstellung des Ödipus falsch bleiben. Sie haben mich gebeten, einer Probe beizuwohnen. Das ist nicht nötig. Ich weiß ohnedies, welche Kräfte aus Ihrer Aufführung sprechen würden. Sie sind ein Wiener. Sie sind jung. Sie suchen den gesellschaftlichen Glanz. Ich muß darauf bestehen, daß Sie Ihr ausschweifendes Leben ändern – und von der Inszenierung ablassen. Ich schätze Sie sehr, Herr Silberfänger, dess können Sie gewiß sein.

Bernhardt steht auf und geht ab.

LUDMILA Er geht, ohne ein Wort zu erwidern.
NATASCHA Haben Sie etwas andres von ihm erwartet?
WERNER Er hätte sich wenigstens verteidigen können.
HAPF Was bedeutet dies?
HUBERTA Daß Sie ihn nicht erreicht haben. *Sie geht Bernhardt nach.*

XXXVI.

Am Menhir. Klare Nacht.
Bernhardt kommt, lehnt sich an den Stein, gleitet an ihm herab. Huberta tritt auf.

HUBERTA Bernhardt.
BERNHARDT Warum läufst du hinter mir her? Ich will allein sein.
HUBERTA Ich muß dir ein Geständnis machen.
BERNHARDT Du mußt mir ein Geständnis machen? Du? Wer bist du denn? Bist du du oder bist du nur ein Teil von deinem Du oder das Doppelte von deinem Du? Die Anthroposophen behaupten, du bist eine Inkarnation, Rufius Therese Schleifwind behauptet, du bist dein Pipi. Freud behauptet, du bist ein Hampelmann mit einem Bindfaden zwischen den Beinen.
Habe nun, ach, Psychologie, Agrarbiologie
Und leider auch Anthroposophie...
In einem Jahr erscheinen zehntausend deutschsprachige Bücher.
Wir sind Hampelmänner. Wenn Freud an dem Bindfaden zieht, hampeln wir Freud.
Wir hampeln Steiner oder Schleifwind oder Hapf oder Müller oder Meier...
Zwei Seelen wohnen, ach, in meiner Brust...
Faust, Hamlet, Ödipus, Orest – alles Käse!

Siebzehn Seelen wohnen, ach, in meiner Brust...
Ich liebte Helge! Ich bin Pelle! Ich! Ich!
Ich liebte Helge. Das heißt, ich redete mir ein, ihn zu lieben. Wahrscheinlich liebte ich Helge nur, weil er sich mir entzog, wie mich Astrid liebte, weil ich mich ihr entzog, wie ich Astrids Schoß nicht besamte, weil er sich mir anbot.
Ich wollte wollen. Ich wollte wissen wollen.
Hampel! Hampel! Astrid Jokaste Mutter – das ist doch ganz logisch!
Das Ziel meiner Wünsche: Die Königin meiner Kindheit, eine fünfundvierzigjährige Anthroposophin.
Ich könnte mich freilich kastrieren.
Denn es schwillt an, unaufhörlich. Das ist eine Art Wahrheit. Daran kann man sich stoßen – an diesem Menhir zwischen meinen Beinen.
Könnte ich ein Tropfen im Meer sein.
Helge ekelt sich vor mir. Ich ekle mich vor Astrid, Mutti und ich ekeln uns gegenseitig an.
Mein Vater ist ein Endfünfziger mit schütteren Haaren, der mich nicht erkennen würde.
Erkennen, im Hebräischen gleichbedeutend mit Besamung. Selbsterkenntnis – Selbstbesamung!
Warum kann ich nicht nicht sein? Warum muß ich alle alten Fabeln ausstehn, wie dieser Stein seine Moose und Flechten?
Huberta holt aus ihrer Tasche eine Packung Kekse und beginnt zu essen. Pause
Als mir Rufius Therese Schleifwind Gott ausredete, fing ich an, die kleinen Jungen für Götter zu halten.
Wenn es die Rache Vaters – Gottes an mir wäre, bis ins Fleisch hinab, bis zur Traumbesamung der Mutter – Irrgänge, Hindernisse, Rückfälle, Transvestitur, Unfruchtbarkeit – Erfindungen von Gottes Eifersucht, durch die er mich zu sich hinhaben will.
Und ich, zerstückt, mehr und mehr, zerschnittene Fußsehnen, mehr und mehr geblendet, Hölderlins Ödipus!
Helge und Astrid gehen vorüber.

HUBERTA Sie haben sich endlich gefunden. Durch den Umgang mit uns waren sie riesengroß geworden, wie aufgepumpte Frösche. Sie sehen uns nicht einmal mehr. Möchtest du einen Keks?
Bernhardt schüttelt den Kopf.
Ich muß dir ein Geständnis ablegen: Ich wußte, daß du Helge liebtest, daß du ihn wolltest, ihn, bar und pur. Ich habe ihn von dir entfernt. Langsam, Monate hindurch, schrittweise, bald gelang es, bald verwirrtest du mir die Fäden. Zuletzt habe ich Astrid, als sie bei mir Trost suchte, den Grund genannt, warum sie unberührt von dir ging. Sie hat dein Verhalten nie verstanden, wie ich, es war leicht, ihr es mißzudeuten. Ich habe gesagt, daß sie Helge vor dir retten müßte. Jetzt sind beide glücklich blind. Wirf mir nichts vor! Du mit deinen Wahrheiten bist nicht besser dran als ich mit meinem Lügen. Ich habe weder Astrid noch Helge gewonnen. Aber ich habe ihnen gedient. Ich habe sie nicht zerstört, wie du. Sie waren die Organe, mit denen ich meine Liebe ausführte. Wozu mehr. Auch ich hätte festgestellt, daß ich nicht Astrid oder Helge liebte, sondern daß ich mit meiner Qual nur erzwingen wollte, mich für einen Augenblick als winziger Schatten in der Pupille Gottes widerzuspiegeln. Dir hat das Erkennen einen schlechten Geschmack auf der Zunge zurückgelassen. Ich habe mir meinen guten Appetit bewahrt. Ich lache.

BERNHARDT Auf die Tragödie folgt das Satyrspiel.

HUBERTA Vielleicht ist die Lüge nur eine wahrere Form der Wahrheit?

BERNHARDT Vielleicht ist die Irrfahrt nicht zu Ende? Diese Sucht sich zu sehnen.

HUBERTA Vielleicht ist auch deine Sehnsucht nur Gott, Hinkfuß?

BERNHARDT Und wenn es doch der Mensch wäre, Huberta, Sphinx?

Hartmut Böhme

Der junge Fichte: Auf den Spuren des Mythos

Auf einer der Reisen, die Hubert Fichte und Leonore Mau seit 1961 unternehmen. Ein Hotelzimmer. Zwei Stimmen, aus größter biographischer Entfernung kommend, werden nebeneinandergelegt: der Roman ›Hotel Garni‹. Jäcki erzählt von der Zeit 1954 bis 1961; Irma, hundertfach in den anderen Büchern genannt, doch niemals selbst Subjekt oder Objekt des Erzählens, erhält endlich Stimme und lebensgeschichtliche Kontur.
Dieser Erzählsituation des ersten Bandes der ›Geschichte der Empfindlichkeit‹ schaltet Fichte eine Szene voran, die den *roman fleuve* konsequenzenreich mit dem hier erstmals veröffentlichten Theaterstück ›Ödipus auf Håknäss‹ (geschrieben 1960/1) verknüpft. Worum geht es?
Jäcki zerschneidet Fotos von Irma und fertigt aus ihnen Collagen, um ein Theaterstück zu illustrieren, für das er einen Verleger sucht (Garni, 7). An späterer Stelle heißt es, Dulu Kruck – eine frühe Förderin Fichtes – habe seine Theaterstücke als »sentimental« kritisiert. »Sie hatte recht. / Ich schrieb keine Theaterstücke mehr – außer dem hier, wofür ich deine Fotos zerschneide.« (Garni, 118) Ähnliche kryptische Hinweise auf den ›Ödipus‹ finden sich auch im Roman ›Kleiner Hauptbahnhof‹ (41, 95, 115, 128), im ›Forschungsbericht‹ (95/6, 108–110, 131/2, 135, 138, 147) oder in der ›Geschichte der Nanã‹ (96).
Fichte hat also in der ›Geschichte der Empfindlichkeit‹ Spuren seines theatralischen Jugendwerkes ausgelegt, die kaum entzifferbar waren. Aber er hat den ›Ödipus‹ auch nicht, wie so vieles kurz vor seinem Tod, vernichtet (im Nachlaß findet sich noch die fragmentarische, schwarze Farce ›Masken und Tote‹). So ist anzunehmen, daß Fichte beide Stücke in sein Gesamtwerk integriert sehen wollte. Und dies mit vollstem Recht.

Die Umrisse des ›Ödipus‹ sind in ›Hotel Garni‹ gerade noch erkennbar. Jäcki erzählt, daß er in Järna in jenem »anthroposophischen Heim für unangepaßte Jugendliche«, wo er 1958/9 als landwirtschaftlicher Leiter arbeitete, den Sophokleischen Ödipus in der Hölderlinschen Übertragung inszenierte (Garni, 89). Zugleich entleiht er sich Band für Band der großen Freud-Ausgabe »aus der Dorfbibliothek von Järna« (Forschungsbericht, 96; vgl. Thomas Beckermann, 318/9). Eine leidenschaftliche Liebe erfaßt ihn zum Sohn des deutschen Leiters des Fürsorgeheimes, Rüdiger Neuschütz, jenem Geliebten, mit dem er wenig später nach Finnland reist. Es »ist das Glück.(...) Haut und Haar./Immer und ewig./Ganz./Einmal da./Ihn ja ihn.« (Garni, 91). Dies sind wörtliche Reminiszenzen aus dem ›Ödipus‹, in welchem Rüdiger Helge heißt. Jäcki erlebt das erste Mal eine sexuelle Totalität, aber auch, daß seine Liebe an die Eltern des Geliebten verraten wird. Und ihm widerfährt jene Qual, die den Schwulen erfüllt, wenn der Geliebte, bei welchem Jäcki erstmals sich »ganz« fühlt, von Mädchen träumt (Garni, 92; vgl. Pubertät, 118).

Zwei Jahre später, in der Provence, schreibt Fichte über diese schwedische Erfahrung den ›Ödipus auf Håknäss‹. Durchaus auf der Linie seiner Mutter erprobt Fichte die landwirtschaftliche und soziale Praxis der Anthroposophen. Mit der Freud-Lektüre sowie mit der Inszenierung des Hölderlinschen Ödipus setzt er, das gesamte Heim einbeziehend, eine theatralische Selbstbefragung ins Werk, die ihm, dem Schwulen, Aufschluß geben soll, wer er ist. Das zwei Jahre später geschriebene Schauspiel hat diese Inszenierung der Ödipus-Tragödie zum Vorwurf – das Stück im Stück: ein doppelter Ödipus.

Jetzt auch leuchtet die bisher unerkennbare Exposition des Romans ›Hotel Garni‹ ein: das »Zerschneiden« der Fotos und ihre Collagierung. Im Stück wirft der Heimleiter ihm vor: »Die Schönheit ist für Sie die Zerstückung des Ödipus!« Und Bernhardt antwortet: »Ja, das ist die Wahrheit für mich: Selbstzergliederung! Ich will wissen, wer ich bin!«

– Kein Zweifel, dies ist die Nachinszenierung der Ödipus-Tragödie in ihrer wesentlichen Geste: wissen wollen. Das heißt: Selbstzergliederung. Das Zerschneiden der Fotos reinszeniert dieses vivisektorische Programm, das Fichte erstmals im ›Ödipus‹ realisiert und das noch in ›Hotel Garni‹ nicht zur Ruhe gekommen ist: denn auch hier geht es um Zergliedern der Biographie, um Forschung (nicht um Konfession oder Betroffenheitsliteratur). Und es geht um Collage – jenes Stilmittel der Neukomponierung der in Teile zerlegten ›Bilder‹, die Fotos von Irma sein können oder Bilder der Erinnerung, ›Nachbilder‹ der Vergangenheit.

Wenn Fichte an den Beginn des ›Hotel Garni‹ das Zerschneiden und Collagieren setzt, so erklärt er indirekt den ›Ödipus‹ zum Beginn jenes gewaltigen Programms der Anatomie des Selbst, das er in den kommenden Jahrzehnten entfalten wird. Und tatsächlich ist das Ödipus-Stück der Abschluß der Theaterarbeit Fichtes und zugleich der Initialpunkt des autobiographischen Großprojekts – so scharf und differenziert entwickelt, daß die späteren Romane bis zur ›Geschichte der Nanã‹ in ihren zentralen Konfliktmustern hier vorweggenommen werden.

Dies heißt nichts weniger, als daß Fichte sein niemals veröffentlichtes Jugendstück zum Ausgang seines Œuvres erklärt. Die oft verwirrend erscheinende, in Wahrheit höchst kalkulierte intertextuelle Verwebung des Œuvres zu einem einzigen Buchteppich zeigt sich auch hier. Das Ödipus-Stück ist, im Schema der Sophokleischen und Hölderlinschen Tragödie, das Initiationsritual, das den Werkkosmos eröffnet. Erstmalig erkennen wir die rücksichtslose Energie, mit der Fichte sein eigenes Leben und seine Mitwelt in den Dienst der Literatur stellt. Im Grunde geschieht dies schon im Heim selbst. Man stelle sich vor, daß ein 23jähriger zu keiner anderen Absicht, als mit sich selbst zu experimentieren, nahezu alle Kollegen und Zöglinge zu Akteuren eines Stücks macht, das unter dem Namen von Sophokles das radikal eigene Drama ist. Man stelle sich vor, daß der Sohn dies in der geistigen Sphäre der Mutter tut: der Anthroposophie; und stelle sich vor, daß er dies unternimmt als ein von Freudscher Analyse infizierter Intellektueller, der mit dem Sohn des Heimleiters eine leidenschaftliche Liebe beginnt –: und man spürt etwas von der provokanten Lust, die diesen Autor treibt, spürt die Unheimlichkeit, die es bedeutet, wenn jemand das gelebte Leben völlig mit Literatur durchdringt und dieses Leben noch einmal in Literatur verwandelt: das Stück ›Ödipus auf Håknäss‹.

Nicht alle Betroffenen einer solchen Literarisierung, die alles andere als Ästhetizismus ist, werden sich mit dem Gleichmut ›zerschnitten‹ sehen wie Irma ihre Fotos. Beginnt mit dem Ödipus-Stück genau das, was Hölderlin das schamlose Nachfragen eines eigenen Bewußtseins nannte, beginnt mithin der interrogative Mahlstrom des Ödipus, der, von einem *point of no return* an, sich selbst und alle in den Wirbel seiner vivisektorischen Experimente zieht, ohne Rücksicht und ohne Ende –: so beginnt hier, 1961, in der Eingangsszene des ›Hotel Garni‹, zugleich auch eine andere Geschichte, diejenige mit Irma.

Diese wird zu einer Liebe, worin der sich selbst und andere preisgebende ›Ödipus‹, anders als sein antiker Bruder, sich gehalten und angenommen wissen darf. Zweifellos ist das Werk Fichtes auch das Erzeugnis einer ostentativen Indiskretion und einer grandiosen Entblößung, immer an den Grenzen des eigenen Absturzes und der Verletzung der anderen entlang. Doch ist das Werk ebenso mitgetragen von der respektierten Grenze, daß Fichte zwar die »besten« Fotos zerschneidet –: doch sind es ›Kopien‹, nicht die Negative, nicht das eigentliche Eigentum des Anderen. Dies ist ein Unterschied ums Ganze: von sich selbst und anderen stellt Fichte ›Abzüge‹, ›Kopien‹, ›Doubles‹ her; und diese, nicht die Originale, werden zerschnitten, seziert, ausgestellt. Auch das will die Eingangsszene von ›Hotel Garni‹ zu erkennen geben. Irma selbst ist das ästhetisch gerettete Bild der Iokaste: das macht sie zur biographischen und ästhetischen Konstante. Sie kommt im ›ödipalen‹ Gemetzel nicht um. Das heißt auch: Sie ist eine andere, Leonore Mau, die mit ihren eigenen ›Bildern‹ respektiert wird. Nicht immer kann ein solches Programm literarischer Verwertung und ›Doublierung‹ gelingen. Alle ›Bilder‹ haben ihre Magie; und selbst wenn Fichte alles Geschriebene als anatomische Arbeit an ›Kopien‹ ausgibt, so schützt ihn dennoch nichts davor, daß Betroffene sich damit identifizieren, im Abzug ihr Negativ erkennen, mithin in der Weise ihrer ›öffentlichen Ausstellung‹ sich verletzt fühlen. Und immer steckt darin auch ein Stück Wahrheit.

*

Das Schreiben ›auf der Grenze‹ beginnt im ›Ödipus‹. Dem Protagonisten Bernhardt wird mit Huberta ein weibliches alter ego beigesellt. Beide doublen Fichte, bisexuell. Ist Bernhardt der männliche, atheistische, intellektuelle Schwule, der Regisseur des Stücks im Stück und Darsteller des Ödipus, so Huberta die lesbische, anthroposophische und gläubige Frau, die unter Einfluß von Bernhardts Freud-Diskursen und der Ödipus-Inszenierung ihre anthroposophische Identifikation aufgibt. Deutet man Huberta als Figur der verinnerlichten mütterlichen Normen, so markiert ihr Wechsel zu Freud, was die Schweden-Erfahrung für Fichte auch bedeutete: Loslösung von der Anthroposophie. Huberta ist die Antwort auf die Frage, was aus Fichte auf der Linie der Religion und Heterosexualität geworden wäre: ein Mann, der sein Begehren immer nur imaginär befriedigt, indem er seine Lust in einer Form, die nicht seine ist, wie ein voyeuristischer Regisseur zur Aufführung bringt, um darin für einen spekulären Moment, im Spiegel des Auges Gottes, der Herrlichkeit teilhaftig zu werden. Seinen Satz: »Vielleicht ist die Irrfahrt nicht zu Ende? Diese Sucht sich zu sehnen.« – diesen Satz des ruhelosen, irrfahrenden Eros kontert Huberta mit der Gegenfrage, ihren letzten Worten: »Vielleicht ist auch deine Sehnsucht nur Gott, Hinkfuß?« Woraufhin Bernhardt das Stück beschließt: »Und wenn es doch der Mensch wäre, Huberta, Sphinx?« In der doppelt offenen Frage eine weitreichende Pointe:

Hätte Huberta recht, so überdauerte in der Fichteschen »Sucht, sich zu sehnen« ein religiöses – mütterlich codiertes – Motiv. In der Unruhe, der suchenden Sucht des Eros und Reisens, wirkte ein Wunsch nach religio – nach Rückbindung, Glaube, Heiligkeit, Kultus –: Und dies ist nicht von der Hand zu weisen. Wie umgekehrt auch zutrifft, daß die süchtige Sehnsucht ›den Menschen‹ meint, folglich Homosexualität und Menschenliebe bei Fichte ein und dasselbe sind. Und weil die Antwort des antiken Ödipus auf die Frage der Sphinx lautet: ›Es ist der Mensch‹, so wird hier, wo der Hinkfuß Bernhardt der Sphinx Huberta mit »der Mensch« antwortet, vielleicht auch diese Sphinx in den Abgrund gestürzt. Nichts weniger hieße dies, als daß Fichte mit diesem Stück aus der Matrix der Mutter ausschert; er bricht ihren magischen Bann, der als verinnerlichte Kraft noch immer in ihm wirkte. Beide Schlüsse hält Fichte in Frageform offen; beide stimmen und stimmen nicht; die Irrfahrt wird nicht zu Ende sein, sondern erst eigentlich beginnen.

*

»Das Unheimliche«, sagt Freud, »ist nichts Neues oder Fremdes, sondern etwas dem Seelenleben von alters her Vertrautes, was ihm durch den Prozeß der Verdrängung entfremdet worden ist.« (Studienausgabe, Bd. IV, S. 264). Er bestätigt damit die Auffassung Schellings, wonach man unheimlich alles nenne, »was im Geheimnis, im Verborgenen bleiben sollte und hervorgetreten ist« (Sämtliche Werke, 2. Abt. Bd. 2, S. 649).
Diese Bestimmungen treffen ebenso auf den Sophokleischen wie den Fichteschen Ödipus zu. Das dem Wissen Entfremdete ist nicht selten das im Tiefsten Eigene, worin gleichwohl das Geheimnis des Ich ruht. In diesem Sinn ist schon die Tragödie des Ödipus ein Theater der Erinnerung. Und so auch inszeniert Bernhardt den Hölderlinschen Ödipus. Die Dramaturgie des Stücks im Stück ist der Einsicht geschuldet, daß das Bewußtsein seiner selbst nicht reflexiv inne wird, sondern in Szenen und medialen Transformatio-

nen erzeugt werden muß. Durch Versetzung und Verrückkung der realen in symbolische Konfigurationen vermag Bernhardt seiner selbst im Medium der fremden Masken ansichtig zu werden. Blockierte Phantasien werden freigesetzt; abwegige Möglichkeiten erprobt: Im Spiegel des fernen Mythos wird das Naheliegendste, das gerade darum dem Blick entgeht, studiert. Alles wird für Bernhardt zum Experiment seiner selbst; und dieses wiederum zum Moment der Selbsterkundung Fichtes.
Von Beginn an wird Bernhardt eingeführt als die Figur eines ruhelos Getriebenen. Hier finden wir bereits die Formel, die in ›Detlevs Imitationen »Grünspan«‹ eingesetzt wird, um Detlevs fassungslose Begierde auszudrücken: »Ich will alles ausprobieren. Ich will alles wollen, um zu wissen, was ich sein kann!« (vgl. Grünspan, 68/9) Dieser doppelt entschlossene Wille des Willens zum Wissen: das ist Ödipus. »Weil ich den Ödipus spielen will, solange ich denken kann. Ödipus will wissen; auch ich will wissen!« – Diese Gleichsetzung wird von Astrid als der »Mut« verstanden, »alles zu wollen, alles zu erkennen«, ein Mut, den die anderen nicht aufbringen. Nicht ohne Grund proben Bernhardt und Astrid jene dramatische Wechselrede, in der Iokaste Ödipus auf weitere Nachforschungen zu verzichten anfleht, denn sie weiß, daß Ödipus unmittelbar vor der Selbstentdeckung steht: »O Armer, wüßtest nie du, wer du bist!« So verläßt Iokaste die Szene (sie wird sich umbringen), und Ödipus, im Zwang des Wissens, hält jene Rede, in der er »sein Geschlecht« zu erforschen kundtut. Er, der Sohn der Tyche, sei fest genug, »seine Geburt« wissen zu dürfen. Bernhardt jedoch verspricht den Text so, daß er den von Hölderlin richtig auf Tyche (Fortuna) bezogenen Satz: »Denn dies ist meine Muter« eindeutig auf die leibliche Mutter treffen läßt. Der Versprecher offenbart, daß es Fichte nicht um eine genealogische Verankerung (wie bei Sophokles) geht, sondern um das Selbstsein im Verhältnis zur Mutter. Damit wird die Recherche-Richtung der Ödipus-Tragödie charakteristisch umgepolt: Bernhardt sucht sein Geheimnis – das Schwul-Sein –

auf dem Wege darüber, wer er im Verhältnis zur Mutter ist. Auf sie zielt das Stück im Stück, und zwar nicht, um ein inzestuöses Begehren zu enthüllen; sondern die Mutter, so unterstellt das Stück, ist Hüterin eines Geheimnisses, das Bernhardt seine Homosexualität erklären könnte. In einer von Sophokles und Hölderlin ›vergessenen‹ Schicht des Mythos entdeckt Fichte die Spur der Homosexualität.
Dabei ist die Auseinandersetzung mit Freud von zentraler Bedeutung. Freud hatte schon 1897, im Verlauf seiner Selbstanalyse, im Brief an Wilhelm Fließ (15.10.1897) behauptet: Man »versteht die packende Macht des König Ödipus..., die griechische Sage greift einen Zwang auf, den jeder anerkennt, weil er dessen Existenz in sich verspürt hat.«
Für den schwulen Fichte allerdings ist der »Zwang«, von dem Freud spricht, fraglich und gefährlich. Fraglich ist, ob die Ödipus-Theorie taugt für eine Ätiologie des homosexuellen Begehrens. Gefährlich aber ist die Ödipus-Theorie, weil die Freudsche Analyse in das Bild gefaßt wird, daß der Mensch ein Hampelmann sei, mit einem Bindfaden zwischen den Beinen, an welchem Freud ziehe.
Trotz dieser Vorbehalte ist für Bernhardt die Psychoanalyse willkommen, weil sie nicht allein die anthroposophischen, sondern auch die Mystifikationen des Rufius Therese Schleifwind destruieren hilft. Dieser ist niemand anderes als Werner Maria Pozzi, sprich: Hans Henny Jahnn. Zwei Annahmen über die Ätiologie des Schwulen werden hinsichtlich Jahnns abgelehnt: zum einen, daß Homosexualität durch Hormone verursacht würde (das wirkte neun Jahre zuvor, 1949, wie ein Donnerschlag); zum anderen, daß die Homosexualität Fichtes ein Effekt der infizierenden Einrede Jahnns sei – wie es die Mutter behauptete: dies ist eine Variante der sog. ›Verführungstheorie‹. So hat Fichte mit Hilfe der Psychoanalyse zwei zentrale Autoritäten seiner Kindheit und Jugend neutralisiert: die Mutter und Jahnn. Dieser Gewinn freilich war zwiespältig. Denn der Universalitätsanspruch des Ödipus-Komplexes wurde erlebt derart, daß darin die Bannkraft des Tragischen fortgesetzt wurde:

als Vernichtung der Freiheit. Darum hat die Verkoppelung der Ödipus-Tragödie mit der Freudschen Analyse in Fichtes Stück die dramatische Funktion herauszufinden, ob von der antiken Sage bis zu Freud eine mythische Linie der Festlegung des Menschen auf ein ›Triebschicksal‹ gespannt sei. Das Kunstmittel des ›Stücks im Stück‹ ist die szenische Überprüfung davon, ob es eine eigene Wahrheit der Homosexualität gibt. Dieses Experiment wird zur Zerreißprobe.
Denn das Stück selbst ist ein Ritual, ein mythisches Curriculum, in welchem Fichte wie bei einer Initiation die Dissoziation erprobt, um in ihrem Durchgang seiner selbst gewiß zu werden. Der Autor hält nicht wie Ödipus oder Bernhardt das Messer in den Händen, sondern das Instrument der Schrift. Es geht um das Blut der symbolischen Wunden und des symbolischen Zerbrechens, nicht des realen. Dies ist der Vorsprung des Autors; es ist aber schon der Vorsprung Bernhardts als sich selbst inszenierender Ödipus im ›Ödipus‹. Es geht um die Chance, durch die Mittel der Kunst – jenseits der mythischen oder diskursiven Zuschreibungen – eine Identität zu konstituieren. Dem dient das Ritual der Szene, das Ritual der Schrift.

Hierbei geht Fichte auf versteckte Schichten des Mythos zurück. Er hat nämlich gefunden, daß Laios ein homosexuelles Verhältnis zu Chrysippos, dem Sohn eines Gastfreundes, hatte (so etwa bei Appollodor: Bibliotheca III, 44; Hygin: Sagen 85, 272). Eine Story im Ganymed-Schema.
Als Strafe für die gewaltsame Entführung des Chrysippos ergeht der Fluch der Götter: Der Sohn des Laois werde den Vater töten und die Mutter heiraten. Dies ist eine von Sophokles vernachlässigte, von Freud übersehene Schicht des Mythos. Der homosexuelle Vater, der einen schönen Jüngling liebt; und der Sohn Ödipus, der von den Göttern als Instrument der Strafe für das Verbrechen des Vaters eingesetzt wird. Liegt das Rätsel der Homosexualität beim Vater?

Im Stück sagt Huberta: »Dein Vater wohnt in Schweden, hast du mir erzählt.« Schon zu Beginn hatte sie, wie später auch die Mutter, Bernhardt gefragt, ob er nach Schweden gekommen sei, »um den Vater zu suchen«. Der ›mythische‹ Vater: Ist er ein homosexueller Rebell gegen die Götter gewesen? Sollte der schwule Sohn der Mörder eines solchen Vaters sein? – Freud kann nicht recht haben. Die Schuld eines schwulen Ödipus kann nicht darin liegen, daß er die Mutter begehrt, sondern daß er ist wie das Bild des Vaters. Im Bild des Vaters identifiziert der Sohn sein eigenes Begehren und seine eigene Schuld. Weil Laios in seiner Liebe zu Chrysipp die Götter herausfordert, so wird über ihn, der nach manchen Überlieferungen niemals mit Iokaste schläft, sondern in trunkenem Zustand von ihr verführt werden muß, eine Strafe verhängt, deren Instrument (und das ist eine besondere Perfidie) ebenfalls ein Jüngling sein wird: der eigene Sohn. Im Versuch, das Gesetz der Generativität zu vermeiden, erfüllt Laios das Bild des Homosexuellen: Nur gegen sein Begehren zeugt er, zu seinem Unglück. Daß für Fichte die Schuld in der Ödipus-Mythe nicht im inzestuösen Begehren, sondern im homosexuellen Verlangen begründet liegt, wird an jenen Bemerkungen Bernhardts deutlich, in denen er dem tragischen Vollzug die »Hochzeit mit Gott im Untergang« entgegensetzt: »Das Glück ist das beste Mittel der Erkenntnis. Gott ist der menschliche Körper. (...) Wenn ich glücklich bin, bin ich selbst Gott!« Schon hier, wie fünfundzwanzig Jahre später im Homer-Essay, identifiziert Fichte den schwulen Eros mit dem göttlichen Privileg. Dieses sich als Mensch, als Homo, anzuzeigen, ist Schuld: Anmaßung des Göttlichen.

Geht es also nicht um das Begehren der Mutter, sondern um die Sehnsucht nach dem Vater? »Das Bild des Vaters erscheint in der Nähe des Geliebten«, so Fichte 1985 im Homer-Essay (HuL II, 151). Ist der Schwule »auf ewiger Suche nach dem Vater?« (HuL II, 177). Sucht Bernhardt ein Geliebtwerden, wie Chrysipp von Laios geliebt wurde? Entdeckt Bernhardt die Figur eines Sohnes, der vor der Mutter flieht und eine Lebensreise antritt, die dem Vater gilt? Täuscht die klassische Tragödie des Sophokles ebenso wie Freud? Während diese die Schuld des Ödipus ins helle Licht rücken, bleiben Laios und Iokaste in einem entschuldenden Dunkel. Die von Bernhardt entdeckte Tiefenschicht der Sage identifiziert das Verbrechen, das die Tragödie in Gang setzt, jedoch in der Homosexualität des Vaters. Was aber ist dann mit Iokaste? In beiden Lesarten des Mythos bleibt sie stumm. Sie zum Reden zu zwingen, wird sich als der eigentliche Sinn des Fichteschen ›Ödipus‹ erweisen.

*

In der neuen Lesart trägt der Sohn Bernhardt dem unbekannten Vater die Liebe des Chrysippos nach. Er vereinigt sich mit ihm im Bild des flüchtigen, verfolgten Außenseiters. Daß Bernhardt nach Schweden gekommen sei auf der Suche nach dem Vater, zumal dieser, wie alle wissen, hier wirklich lebt, ist psychologisch plausibel. Fichte inszeniert in direkter Nachbarschaft zum realen Vater auf der Bühne eine Suche nach dem symbolischen Vater. Dies ist eine literarische Grenzgängerei ›zwischen den Welten‹, bei der eine Kollision des fiktionalen mit dem realen Modus ständig möglich ist.
Christine Olivier hat in ihrem Buch ›Iokastes Kinder‹ (1980) – und darin ist sie nicht die einzige – die Blindheit des patriarchalischen Blicks der Psychoanalyse für die Position der Frauen in der Ödipus-Mythe konstatiert und die Geschichte Iokastes, Antigones und Ismenes nachgetragen. Zwanzig Jahre zuvor, und früher auch als die homosexuellen Theoretiker wie Guy Hocquenghem, Fritz Morgenthaler, Martin Dannecker u. a., die den Ödipus in der Perspektive des homosexuellen Codes revidierten, hat der junge Fichte mit dieser Arbeit zur Aufhellung der Iokaste und zur Neustrukturierung der Ödipus-Konfiguration begonnen.
Und hierbei liegt, so unterstellt das Stück, der Schlüssel bei der Mutter. »Die Mütter./Der Schlüssel.«, heißt es in der ›Geschichte der Nanā‹. In Fichtes Lesart bedeutet dies, daß

die Mutter zerstörend zwischen die Liebe des Sohnes zum Vater (bzw. seinen Substituten) getreten sei. Sie hat die Rolle der Iokaste mit der von Klytämnestra oder der von Hamlets Mutter vertauscht. Bereits in der Szene mit Helges Mutter wird dies spielerisch entwickelt: »Nein, Helsingør liegt näher als Mykene«, also Hamlet näher als Orest. Wenn Bernhardt dennoch an der Ödipus-Tragödie festhält und nicht etwa das Drama wechselt, so deswegen, weil sein ›Ödipus‹-Stück auch als Wiederauflage des Shakespeareschen ›Hamlet‹, der modernen Variante der Orestie, zu verstehen ist. Die Verhältnisse komplizieren sich.

Sie spitzen sich zu. Es geht wie im ›Hamlet‹ um die Entdeckung einer Blutschuld, in welche die Mutter verwickelt ist. Wie Hamlet mit einer Wanderbühne ein Stück einstudiert, das die Mutter und ihren Schwager des Mordes an Hamlets Vater überführen soll, so studierte bereits der 10jährige Detlev (im ›Grünspan‹-Roman) den Orest ein – die Mutter damit des Mordes an seinem Vater bezichtigend. Und so inszeniert der Hamlet-Intellektuelle, Bernhardt, nunmehr den ›Ödipus‹ ein, um die Rolle der Iokaste in den Blutbädern seiner Phantasien herauszufinden. Der Ödipus auf Håknäss ist auch ein Hamlet auf Håknäss. Es sind Vater-Sucher auf der Spur einer geträumten Blutschuld, in der sie das Rätsel ihrer Existenz vermuten. – So gibt Bernhardt bei der ersten Begegnung mit der Mutter das Stichwort aus: »Kennst du Lajos, Mutti?«

*

Beginnt mit diesem Stück die lebenslange Ent-Schichtungsarbeit, die »Archäologie der Seele« (HuL II, 151)? »Schalen um Schalen«? Ist das Reisen, sind die überall gesuchten Begegnungen mit Männern immer nur ex negativo die Erfahrung des verlorenen Körpers der Mutter, von dem Bernhardt, den Kopf im Schoß der Mutter, phantasiert? Ist die eigentliche ›Verhaftung‹, von der die Mutter spricht, eine ›Verhaftung‹ im mythischen Bann der Antike, hinter welchem die Unentrinnbarkeit des mütterlichen Körpers steht und die erfüllungslose Suche nach dem Männlichen im schwulen Eros? Ist Homosexualität das Gaukelspiel – wie es in ›Alte Welt‹ heißt –, Gaukelspiel des Begehrens nach dem Ähnlichen, ein häretisches Verfehlen des einzig »Göttlichen«, das die Mutter in sich hält? Wird Irma die Kompromißfigur sein zwischen der Unentrinnbarkeit der Mutter und der »süchtigen Sehnsucht« nach dem Mann – jenseits der Schuld?

Das Stück tritt aus der »müßigen« in die »reißende« Zeit der Tragödie ein, wie es Hölderlin in seinen Anmerkungen zum ›Ödipus‹ und zur ›Antigone‹ formuliert. Bernhardt wird von den Rollen, die er spielt, hingerissen und verliert die Regie; alles stürzt ineinander, die Hölderlin-Texte treten ins Leben über, die Dialoge reißen die Vorstellung in einen Wirbel, der Bernhardt mehrfach an den Rand einer psychotischen Dissoziation treibt. Deutungsfragmente tauchen für Momente in der Flut der Assoziationen auf und versinken wieder, Affekte wechseln in Sekunden von Zärtlichkeit zu mörderischer Wut, von stolzer Selbstgewißheit zu gänzlicher Verlorenheit, von äußerster Willensanspannung zu letztem Hingabe-Wunsch. Es stürzen die Hüter der Besonnenheit, und alles wird zum Bestandteil der zerreißenden Energien, die von Bernhardt nun ganz Besitz ergreifen, ihn »besessen« machen, unterworfen einem Prozeß des *sparagmós*, einer Zerreißung und tiefen Erschöpfung.

»Das Messer in der Hand«, bricht Bernhardt ins Hotelzimmer der Mutter, um sie zu verhören: Soll, muß er sich als Ödipus blenden? Sich als Schwuler kastrieren? Oder als Orest bzw. Hamlet, den Vater rächend, die Mutter ermorden? Die Phantasmen sind von der Kette. Das Messer in der Hand ist ein Zeichen der dramaturgischen Ungewißheit, ob Bernhardt sich in den Bahnen der antiken Tragödie bewegt, in welcher die Sprache unausweichlich in die Körper umspringt und der Protagonist ein transsubjektives Gesetz »vollendet... mit blutigen Händen« (Sophokles); oder ob das Tragödienschema des Ödipus transformiert ist in die Moderne, mithin in der Nachfolge ›Hamlets‹ eine Tragödie

des Bewußtseins derart ist, daß die Gemetzel in die Immanenz des Subjekts überführt sind, d. h. in diesem eine Schicht bilden, Schicht jener symbolischen Phantasmen, in denen das Ich seine Signatur entziffert.
Auf diesen Unterschied zwischen antiker Tragödie und modernem Drama ist Hölderlin in seinen ›Anmerkungen zur Antigone‹ eingegangen. Er unterscheidet beides durch die Differenz von »tödlichfaktischem« und »tötendfaktischem« Wort. »Das griechischtragische Wort«, führt er aus, »ist tödlichfaktisch, weil der Leib, den es ergreift, wirklich tötet.« Diese Möglichkeit wird mit dem Messer in der Hand offengehalten. Als dramatisches Zeichen markiert das Messer, daß die Sprache, welche zwischen den Akteuren getauscht wird, eine unmittelbar leibliche Energie haben könnte. Das Wort wird im Körper begriffen, indem der Körper vom Wort ergriffen wird und wirklich tötet: das meint »tödlichfaktisch«. Es ist das Ekstatische der Sprache, die ihr Ziel nicht im Sprechakt, sondern, unmittelbar im Realen einschlagend, in der Körperhandlung findet. Hölderlin nennt dies den Augenblick, wo »der unmittelbare Gott, ganz Eines mit dem Menschen« wird – eine Auffassung, die im Fichteschen Stück beinahe wörtlich zitiert wird: »Und Hölderlin und Ödipus? Die Erkenntnis, die Tragödie, die Hochzeit mit Gott im Untergang?« Gegen diese Hölderlinsche Auffassung, der darin die dionysische Idee der Tragödie ausspricht, wendet sich Bernhardt. Er setzt gegen die vernichtende Einwohnung des Gottes im Subjekt das Umgekehrte –: in der Ekstase des Körpers »selbst Gott« zu sein. Das ist Glück, nicht Untergang.
Diese Idee einer Ekstase des Leiblichen wird im Stück jedoch zuschanden. Dramentheoretisch gesehen ist damit der Punkt erreicht, wo das Sinnenbewußtsein vernichtet ist, das ödipale Fragen anhebt, aber doch ungewiß ist, ob die reflexive Distanzierung, die Hamlet gegen den Imperativ des Rache-Mechanismus setzt – ohne ihn aufhalten zu können –, stark genug ist, um die »tödlichfaktische« Figur in ihrer körperergreifenden Energie zu einer symbolischen Figur zu

verwandeln. Das Messer markiert die Ungewißheit, ob das Szenario als Reflexionsbühne aufrechterhalten werden kann, oder eine »gänzliche Umkehr (...) ohne allen Halt, den Menschen als erkennendem Wesen unerlaubt« (Hölderlin), eintreten wird: die Verwandlung der Bühne zum kultischen Vollzug.
Wenn in der Sophokleischen Ödipus-Tragödie die Krisis das Erscheinen einer göttlichen Ordnung auslöst, so wird hier die Krisis zur Erscheinung des Wahns: die Vorstellungen haben sich vom Vorstellenden losgerissen und ergreifen, im delirierenden Sprechen, vom Sprecher Besitz. Zu Beginn der zweiten Mutter-Begegnung steht Bernhardt in der Aussicht, zum Gefangenen des Wahns zu werden. Denn dies, neben der Reflexion, wäre in der Moderne die zweite Alternative zum Gesetz der Tragödie: ein pathologischer Fall zu sein.

*

Bernhardt konfrontiert seine Mutter mit der ganzen Verzweiflung des schwulen Sohnes, aus dem die Frühgeschichte seiner Liebe hervorbricht: »O Mutter, nur du, du. Helges Schenkel, nur du! (...) Ich habe von dir geträumt. Ich sog an deinen Brüsten und besamte deinen Schoß.« Diese Passage wird im ›Versuch über die Pubertät‹ im Kontext des Nanā-Mythos wiederkehren (Pubertät, 53/4). Diesem liegen die Ödipus-Tragödie und der ›Ödipus auf Håknäss‹ zugrunde. Es ist die Begegnung mit der Mutter als Primärobjekt. So wie er »nur du sein« wollte, so tragen alle Objekte die Signatur der Mutter. Dies wiederholt die All-Einheit mit der *Magna Mater*, die alles besetzt, auch den schwulen Eros, der, wie es jetzt scheint, untilgbar die Spur der primären Liebe zur Mutter trägt. Bernhardt hat den Freudschen Ödipus-Komplex unterlaufen und sich um so heftiger in den Stricken der Freudschen Theorie der Homosexualität als Inversion gefangen. »Freud hat recht«, sagt er. Die Mutter ist alles. Dann aber muß sie auch die archaische böse Macht sein. – Mitten in der Szene springt die Affektrichtung um: von der primären Liebe in primären Haß. Ödipus verwandelt sich in Orest (bzw. Hamlet), die Mutter in Klytämnestra. In einem wahrlich ver-rückten Ausbruch der Sprache schleudert Bernhardt eine neue Tragödie auf die Bühne.

Diese sieht so aus: Die Mutter sieht sich als geschändetes Opfer des Vaters, der nach Schweden floh und sie mit dem unehelichen Sohn sitzen ließ. Sie »rottete« den Vater in sich selbst »aus« – und bringt damit auf den Punkt, was Bernhardt ihr vorwirft: daß sie ihm das Bild des Vaters vorenthalten habe. Statt dessen habe sie Bernhardt instrumentalisiert als Medium ihres Hasses gegen den Vater –, d. h. er fühlt sich von der Mutter in die Rolle gedrängt, Mörder des Vaters zu sein.

Damit macht Bernhardt eine wichtige Entdeckung. Seine ›primäre‹ Liebe zur Mutter ist nicht seine, sondern das Begehren der Mutter, das er nur spiegelt: ihren Wunsch, ihn ganz und gar an sich zu binden und ihn zugleich als Er-Zeugnis einer Schändung, das immer das Zeichen des schändlichen Vaters trägt, stellvertretend für diesen zu hassen. Dieses Drama folgt nicht den Regeln des ›Ödipus‹, sondern einer alles regierenden, rächenden Mutter-Gottheit. Und an diesem Punkt kehrt Bernhardt zu seiner Sehnsucht nach dem Vater zurück, die im schwulen Laios eine imaginäre Antwort findet. Der symbolische Vater ist der Gegensignifikant zum Bild der liebenden und hassenden, in beidem absolut in Anspruch nehmenden Mutter. In diesem neuentworfenen Drama (das Fichte nicht verlassen wird) ist die Liebe zur Mutter nicht das Verlangen des Kindes, sondern das Verlangen der Mutter, die den Sohn in seinem Wunsch, selbständig zu werden und einen eigenen Weg zu gehen, ersticken, fesseln, verschlingen will: Nanā.

In dieser Konfiguration besteht die Peripetie des Stückes, welche die Katharsis auslöst. Ödipus ist zu Ende. Daß Bernhardt im nächsten Auftritt als blutig geschminkter Ödipus auftritt, bedeutet nicht, daß er von der mythischen Identifikation überwältigt würde, sondern im Gegenteil, daß sie ›Schminke‹ ist – ein symbolischer Prozeß, der durchlaufen ist. Als die Aufführung des Stückes verboten wird, ist Bernhardt davon nicht mehr zu betreffen: Die Tragödie ist schon zu Ende. Sie hat ausgedient, und sie war eine Mystifikation, in der sich ein anderes Drama verbarg. Kein Blut, nur symbolische Wunden, erlitten auf dem Kriegsschauplatz der Seele. In der Schlußszene steht Bernhardt resigniert, zynisch, auch verzweifelt, wie Hamlet vergrübelt, vor den Trümmern der zerstörten Mythen seiner Kindheit, in denen er seinen Sehnsüchten und Schmerzen, seiner Liebe und Rache einen so gewaltigen Hallraum schaffen konnte. »Warum«, so fragt er, »muß ich alle alte Fabeln ausstehn...?« Er könnte auch fragen: Warum muß ich erkennen? Darauf gibt es keine Antwort. Aber wenn Erkenntnis, dann ist sie bei Detlev, Bernhardt, Jäcki, Fichte eine Erkenntnis durch experimentelle Imitation und Identifikation im Medium des Anderen und Fremden, aus dem sich die »Buchstaben der Psyche« (Fichte) herausschälen: der eigene Text.

Das Ende des Theaters. Ein neuer Anfang. Die Erzählungen und Romane, die noch einmal, in den säkularisierten Buchstaben der Prosa, die Rituale der Kindheit und Jugend entziffern werden. Eine andere Lebensform. Der ›Ödipus auf Håknäss‹ ist geschrieben. Jäcki sitzt in Irmas Zimmer. Er zerschneidet und collagiert. Hotel Garni – Beginn der Geschichte der Empfindlichkeit. Collagen für das Stück aus Schweden. Eine Frau läßt zu und nimmt an: Irma. Nicht Iokaste, Klytämnestra, Hamlets Mutter. Mit ihr – anders als mit Astrid/Iokaste – wird Jäcki auch schlafen können. Neben ihr, anders als mit Helge, wird er, schuldlos und schamlos, den schwulen Eros durchreisen, »in jeder Stellung gelegen. Jedes Geschlecht gefühlt und jedes imitiert« (Grünspan, 225). Nicht mehr das Dreieck, das von Obsessionen und Schuldverschreibungen bestimmt ist: Bernhardt/Detlev – die archaische Mutter – der schwule, ersehnte Vater.

Sondern das neue Dreieck, das seit 1961 stabil bleibt und eine ebenso dynamische wie kreative Lebensform hergibt: Jäcki – Irma – der schwule Geliebte.

*

Es werden folgende Werke von Hubert Fichte abgekürzt zitiert:
HuL I/II = Homosexualität und Literatur Bd. I und II.
Garni = Hotel Garni.
Nanã = Die Geschichte der Nanã
Kleiner Hauptbahnhof = Kleiner Hauptbahnhof oder Lob des Strichs.
Grünspan = Detlevs Imitationen »Grünspan«.
Pubertät = Versuch über die Pubertät.
Thomas Beckermann = ders. (Hg.): Hubert Fichte. Materialien zu Leben und Werk.
Alle Bände im S. Fischer Verlag.